Übungsbuch Empirische Wirtschaftsforschung und Ökonometrie

Peter Winker · Christoph Funk · Elena Tönjes

Übungsbuch Empirische Wirtschaftsforschung und Ökonometrie

2. Auflage

Peter Winker
Justus-Liebig-Universität Gießen
Gießen, Deutschland

Christoph Funk
Justus-Liebig-Universität Gießen
Gießen, Deutschland

Elena Tönjes
Justus-Liebig-Universität Gießen
Gießen, Deutschland

ISBN 978-3-662-64238-2   ISBN 978-3-662-64239-9 (eBook)
https://doi.org/10.1007/978-3-662-64239-9

Die Deutsche Nationalbibliothek verzeichnet diese Publikation in der Deutschen Nationalbibliografie; detaillierte bibliografische Daten sind im Internet über http://dnb.d-nb.de abrufbar.

Springer Gabler
© Der/die Herausgeber bzw. der/die Autor(en), exklusiv lizenziert durch Springer-Verlag GmbH, DE, ein Teil von Springer Nature 2017, 2021
Das Werk einschließlich aller seiner Teile ist urheberrechtlich geschützt. Jede Verwertung, die nicht ausdrücklich vom Urheberrechtsgesetz zugelassen ist, bedarf der vorherigen Zustimmung des Verlags. Das gilt insbesondere für Vervielfältigungen, Bearbeitungen, Übersetzungen, Mikroverfilmungen und die Einspeicherung und Verarbeitung in elektronischen Systemen.
Die Wiedergabe von allgemein beschreibenden Bezeichnungen, Marken, Unternehmensnamen etc. in diesem Werk bedeutet nicht, dass diese frei durch jedermann benutzt werden dürfen. Die Berechtigung zur Benutzung unterliegt, auch ohne gesonderten Hinweis hierzu, den Regeln des Markenrechts. Die Rechte des jeweiligen Zeicheninhabers sind zu beachten.
Der Verlag, die Autoren und die Herausgeber gehen davon aus, dass die Angaben und Informationen in diesem Werk zum Zeitpunkt der Veröffentlichung vollständig und korrekt sind. Weder der Verlag noch die Autoren oder die Herausgeber übernehmen, ausdrücklich oder implizit, Gewähr für den Inhalt des Werkes, etwaige Fehler oder Äußerungen. Der Verlag bleibt im Hinblick auf geografische Zuordnungen und Gebietsbezeichnungen in veröffentlichten Karten und Institutionsadressen neutral.

Lektorat/Planung: Margit Schlomski
Springer Gabler ist ein Imprint der eingetragenen Gesellschaft Springer-Verlag GmbH, DE und ist ein Teil von Springer Nature.
Die Anschrift der Gesellschaft ist: Heidelberger Platz 3, 14197 Berlin, Germany

Vorwort

Vorwort zur 2. Auflage

Für eine Reihe von Hinweisen auf Fehler in der ersten Auflage sind wir Daniel Grabowski, Alexander Häußer, Tobias Meyer und Paulina Verhoff dankbar. Dank gebührt außerdem Pascal Heßler und Stefan Fink, die Entwürfe für weitere Musterlösungen beigesteuert haben, sowie insbesondere Maren Döring für die sorgfältige und vollständige Durchsicht der ersten Auflage und eine Reihe von Vorschlägen für weitere Aufgaben und Musterlösungen.

Gießen, im Oktober 2021   Peter Winker, Christoph Funk und Elena Tönjes

Vorwort zur 1. Auflage

Vor knapp zwanzig Jahren erschien die erste Auflage des Lehrbuchs "Empirische Wirtschaftsforschung", das seit seiner zweiten Auflage den erweiterten Titel "Empirische Wirtschaftsforschung und Ökonometrie" trägt. Es diente und dient an verschiedenen Universitäten und Hochschulen als Lehrbuch für eine anwendungsorientierte Einführung in die Ökonometrie und weitere Grundlagen der empirischen Wirtschaftsforschung. Parallel zu den Vorlesungen, u.a. an den Universitäten Konstanz, Mannheim, Erfurt und Gießen, entstand über die Jahre aus den die Vorlesungen teils begleitenden teils darin integrierten Übungen ein umfangreicher Fundus an Übungsaufgaben verschiedener Art – von den für Klausuren mit vielen Teilnehmerinnen und Teilnehmern und das E-Learning geeigneten Multiple-Choice-Aufgaben über Übungsaufgaben klassischen Typs bis hin zu Aufgaben, die sich auf (üblicherweise) kurze Texte und Textpassagen aus wissenschaftlichen und anwendungsnahen Publikationen stützen.

Mit dem vorliegenden Übungsbuch kommen wir einem häufig geäußerten Wunsch von Studierenden und Lehrenden nach, eine Sammlung derartiger Übungen zusammen mit Musterlösungen zu einem Teil der Aufgaben vorzulegen. Die Vorbereitung dieses Buches erfolgte von Herbst 2015 bis Sommer 2016. Allerdings konnten wir dabei auf einen Pool von Aufgaben zurückgreifen, der über einige Jahre gewachsen war. Daher ist an dieser Stelle auch all den Mitarbeiterinnen und Mitarbeitern zu danken, die im Rahmen ihrer Lehrtätigkeit am Entstehen der einen oder anderen Aufgabe sowie an der Erstellung von Musterlösungen beteiligt waren. Namentlich sind dies Virginie Blaess, Sebastian Bredl, Björn Fastrich, Henning Fischer, Iris Gönsch, Daniel Grabowski, Jochen Lüdering, Mark Meyer, Nicola Stork und Dennis Türk. Als studentische Hilfskräfte waren außerdem Paul Rudel an der Korrektur und Ergänzung von Musterlösungen und Cornelia Sawallisch an der Endredaktion beteiligt.

Die Verantwortung für die Qualität des vorliegendes Bandes, eventuelle Fehler in Aufgabenstellung und möglicherweise unvollkommene Musterlösungen tragen wie üblich allein die Autoren. Wir hoffen, dass möglichst viele konkrete Rückmeldungen uns helfen werden, dieses Übungsbuch in Zukunft sukzessive zu verbessern und noch genauer an die Bedürfnisse der Nutzerinnen und Nutzer anpassen zu können.

Gießen, im Juli 2016   Peter Winker und Christoph Funk

Hinweise zur Bearbeitung der Aufgaben

Liebe Leserinnen, liebe Leser,

das vorliegende Übungsbuch dient als Ergänzung zum Lehrbuch "Empirische Wirtschaftsforschung und Ökonometrie". Es richtet sich an Studierende, Lehrende sowie interessierte Leserinnen und Leser, die ihr Wissen durch das Lösen praktischer Aufgaben vertiefen möchten. Die Nummerierung der Abschnitte in den Kapiteln 1 – 3 des Übungsbuchs nimmt dabei direkten Bezug auf die entsprechenden Kapitel des Lehrbuches (1.5 liefert beispielsweise Multiple-Choice-, Wahr oder Falsch- und Ergänzungsfragen zu Kapitel 5 "Input-Output-Analyse" des Lehrbuchs). Zur erfolgreichen Bearbeitung der einzelnen Übungsaufgaben setzen wir den Kenntnisstand dieser Kapitel voraus.

In Kapitel 1 finden Sie Multiple-Choice-, Wahr oder Falsch- und Ergänzungsfragen. Diese dienen vorwiegend zur schnellen Überprüfung des Verständnisses der Inhalte der einzelnen Kapitel. Einige dieser Aufgaben erfordern aber auch weitergehende Überlegungen oder kleine Berechnungen. Zu all diesen Aufgaben befinden sich in Teil II Lösungen in Kapitel 4.

Kapitel 2 befasst sich mit Übungs- und Klausuraufgaben zur Vertiefung. Darunter befinden sich neben Rechen- und Verständnisfragen auch viele praktische Beispiele, zu denen mit Hilfe von Ökonometrie-Software wie Eviews oder R generierte Outputs interpretiert werden sollen. Zu den meisten dieser Aufgaben finden Sie ausführliche Musterlösungen im Lösungskapitel 5.

Kapitel 3 befasst sich mit textbasierten Aufgaben. Diese setzen ein Lesen der jeweiligen Artikel voraus und bieten eine gute Möglichkeit, sich mit praktischen Fragestellungen der empirischen Wirtschaftsforschung im Kontext wissenschaftlicher oder wirtschaftspolitisch orientierter Texte auseinanderzusetzen. Zu den Lösungen dieser Aufgaben ist anzumerken, dass es bei der Auswertung von praktischen Arbeiten nicht immer nur eine mögliche Lösung geben kann und somit unsere Hinweise, die in Kapitel 6 zu einigen dieser Aufgaben enthalten sind, lediglich als ein Lösungsvorschlag interpretiert werden sollten.

Wir hoffen, Sie haben ebenso viel Freude und Erkenntnisgewinn bei der Bearbeitung der Aufgaben in den einzelnen Kapiteln wie wir bei der Zusammenstellung dieser Aufgaben und deren Lösungen.

Inhaltsverzeichnis

Vorwort V

Hinweise VII

Teil I Aufgaben

1 Multiple-Choice-Aufgaben 3
   1.1 Aufgabe und Prinzip der empirischen Wirtschaftsforschung 3
   1.2 Datenbasis der empirischen Wirtschaftsforschung 6
   1.3 Datenaufbereitung 10
   1.4 Wirtschaftsindikatoren 12
   1.5 Input-Output-Analyse 19
   1.6 Das ökonometrische Modell 21
   1.7 Das lineare Regressionsmodell 22
   1.8 Residuenanalyse und Überprüfung der Modellannahmen 27
   1.9 Qualitative Variable 29
   1.10 Trend- und Saisonbereinigung 34
   1.11 Dynamische Modelle 37
   1.12 Nichtstationarität und Kointegration 39
   1.13 Diagnose und Prognose 41

2 Übungs- und Klausuraufgaben 43
   2.1 Aufgabe und Prinzip der empirischen Wirtschaftsforschung 43
   2.2 Datenbasis der empirischen Wirtschaftsforschung 44
   2.3 Datenaufbereitung 46
   2.4 Wirtschaftsindikatoren 48
   2.5 Input-Output-Analyse 54
   2.6 Das ökonometrische Modell 57
   2.7 Das lineare Regressionsmodell 58
   2.8 Residuenanalyse und Überprüfung der Modellannahmen 63

		2.9 Qualitative Variable	68
		2.10 Trend- und Saisonbereinigung	74
		2.11 Dynamische Modelle	78
		2.12 Nichtstationarität und Kointegration	80
		2.13 Diagnose und Prognose	81
3		**Textbezogene Aufgaben**	87
		3.2 Datenbasis der empirischen Wirtschaftsforschung	87
		3.4 Wirtschaftsindikatoren	89
		3.5 Input-Output-Analyse	90
		3.7 Das lineare Regressionsmodell	91
		3.9 Qualitative Variable	92
		3.10 Trend- und Saisonbereinigung	94
		3.11 Dynamische Modelle	97
		3.13 Diagnose und Prognose	98

Teil II Musterlösungen zu ausgewählten Aufgaben

4 **Musterlösungen zu Multiple-Choice-Aufgaben** 103

5 **Musterlösungen zu Übungs- und Klausuraufgaben** 113

6 **Musterlösungen zu textbezogenen Aufgaben** 169

Teil I

Aufgaben

1 Multiple-Choice-Aufgaben

In diesem Teil finden Sie Multiple-Choice-, Wahr oder Falsch- und Ergänzungsfragen. Die Multiple-Choice-Fragen haben jeweils genau eine korrekte Antwort. Dasselbe gilt für die Wahr oder Falsch-Fragen. Bei den Ergänzungsfragen ist jeweils der fehlende Begriff in den dafür vorgesehenen Zwischenraum einzutragen.

1.1 Aufgabe und Prinzip der empirischen Wirtschaftsforschung

1.1.1. Multiple Choice
   Kein Ziel der empirischen Wirtschaftsforschung ist …
   a) … die Analyse vergangener Entwicklungen, um die Qualität ökonomischer Modelle zu beurteilen. ○
   b) … die Anpassung der Daten an ein vorliegendes Modell. ○
   c) … die Prognose zukünftiger Entwicklungen. ○
   d) … die Quantifizierung von Modellzusammenhängen. ○

1.1.2. Multiple Choice
   Keine Fragestellung, die mit den Methoden der empirischen Wirtschaftsforschung sinnvoll bearbeitet werden kann, ist, …
   a) … welche Branchen von der weitgehenden Einstellung des Flugverkehrs im Frühjahr 2020 am stärksten in ihren Umsätzen betroffen waren. ○
   b) … ob ein Einkommensteuersystem mit 5 Steuersatzstufen gerechter ist als eines mit 3 Stufen. ○
   c) … welche Arbeitsmarkteffekte die Einführung eines flächendeckenden Mindestlohnes hätte. ○
   d) … ob höhere Bildungsinvestitionen langfristig zu höherem Wachstum führen. ○

1.1.3. Multiple Choice
Keine Fragestellung, die mit den Methoden der empirischen Wirtschaftsforschung sinnvoll bearbeitet werden kann, ist, ...

a) ... welche Wirtschaftssektoren direkt oder indirekt besonders von einem Streik der Lokführer betroffen sind. ○

b) ... wie stark die Effekte einer realen Wechselkursaufwertung für die deutschen Exporteure bei einem Auseinanderbrechen der Eurozone wären. ○

c) ... ob die durch einen steigenden Gini-Koeffizienten in Deutschland gemessene, zunehmende Ungleichheit in der Einkommensverteilung gerecht ist. ○

d) ... ob höhere Aufwendungen für Bildung langfristig zu höherem Wachstum führen. ○

1.1.4. Multiple Choice
Keine Fragestellung, die mit den Methoden der empirischen Wirtschaftsforschung sinnvoll bearbeitet werden kann, ist, ...

a) ... ob ein höhere Anteil weiblicher Führungskräfte den Unternehmenserfolg erhöht. ○

b) ... ob die erwarteten Einkünfte von Absolventen der Wirtschaftswissenschaften höher liegen als die von Absolventen der Mathematik. ○

c) ... ob der Markenwert der Produkte eines Unternehmens einen Einfluss auf den Unternehmensgewinn hat. ○

d) ... ob eine gemeinsame Finanzierung der Arbeitslosenversicherung in Europa gerecht ist. ○

1.1.5. Multiple Choice
Das Prinzip der empirischen Wirtschaftsforschung wird als Interaktion von Theorie und Empirie beschrieben. Was gehört demnach **nicht** zu einer Analyse im Bereich der empirischen Wirtschaftsforschung?

a) Eine politische Einschätzung über das gewünschte Ergebnis. ○

b) Ein möglichst fundiertes theoretisches Modell für die betrachteten Phänomene/Zusammenhänge. ○

c) Daten zur Beschreibung der betrachteten Phänomene. ○

d) Eine zu Modell und Daten passende statistische Theorie. ○

1.1.6. Multiple Choice
Oxfam International hat in einer im März 2017 veröffentlichten Studie mit dem Titel "Opening the Vaults" Daten zur Besteuerung der europäischen Großbanken vorgelegt (https://oi-files-d8-prod.s3.eu-west-2.amazonaws.com/s3fs-public/bp-opening-vaults-banks-tax-havens-270317-en_0.pdf). Darin wird gezeigt, dass das Verhältnis zwischen ausgewiesenem Gewinn und Anzahl der Mitarbeiter sehr unterschiedlich ausfällt. Besonders hohe Verhältnisse ergaben sich dabei für die Länder Luxemburg und Irland.

Welche der folgenden Aussagen kann **nicht** mit den Methoden der empirischen Wirtschaftsforschung allein überprüft werden?

a) Die von den Banken ausgewiesenen Gewinne pro Mitarbeiter hängen negativ von den Steuersätzen des jeweiligen Landes ab. .... ◯

b) Die von den Banken ausgewiesenen Gewinne pro Mitarbeiter hängen negativ von den Steuersätzen des jeweiligen Landes ab, wenn weitere Einflussfaktoren wie das Volumen von Einlagen und Krediten im jeweiligen Land mitberücksichtigt werden. .... ◯

c) Die Verteilung der von den Banken ausgewiesenen Gewinne über die Länder hinweg lässt sich nicht allein durch das Volumen von Einlagen und Krediten und die Anzahl der Mitarbeiter modellieren. .... ◯

d) Die Banken verhalten sich unethisch, weil sie systematisch Gewinne in die Länder mit niedrigen Steuersätzen verschieben. .... ◯

1.1.7. Multiple Choice
Bei der Betrachtung von Haushalten, die lediglich Einkommen aus der Grundsicherung für Arbeitssuchende nach SGB II ("Hartz IV") erhalten, gibt es unterschiedliche Themen, die politisch intensiv diskutiert werden. Mit den Methoden der empirischen Wirtschaftsforschung allein kann **nicht** geklärt werden, ...

a) ... ob die Preisentwicklung für Produkte, die von diesen Haushalten gekauft werden, sich von der allgemeinen Entwicklung der Verbraucherpreise unterscheidet. .... ◯

b) ... ob das Haushaltseinkommen unter Berücksichtigung der Haushaltsgröße und -zusammensetzung geringer ausfällt als 60% des Durchschnittseinkommens aller Haushalte. .... ◯

c) ... ob diese Haushalte arm sind. .... ◯

d) ... in welchem Umfang eine Erhöhung der Zahlungen sich in erhöhten Ausgaben für den Konsum niederschlagen würde. .... ◯

1.2 Datenbasis der empirischen Wirtschaftsforschung

1.2.1. Multiple Choice
Um von realen Phänomenen wie der wirtschaftlichen Aktivität zu konkreten Zahlen wie dem Bruttoinlandsprodukt zu gelangen, sind eine Reihe von Überlegungen notwendig. **Kein** relevanter Schritt ist dabei …

   a) … die ökonomische Theorie (das Konzept). ○
   b) … die Auswahl messbarer Attribute. ○
   c) … die Messung bzw. Schätzung der Werte. ○
   d) … die Anpassung der erhaltenen Werte (Daten) an die Theorie. ○

1.2.2. Multiple Choice
Die Anforderung an Daten der empirischen Wirtschaftsforschung, Aussagen über ein reales Phänomen im Sinne eines festgelegten Konzeptes zu treffen, nennt man …

   a) … Validität. ○
   b) … Reliabilität. ○
   c) … Regressivität. ○
   d) … Objektivität. ○

1.2.3. Multiple Choice
Die Anforderung an einen Prozess zur Generierung von Daten der empirischen Wirtschaftsforschung, bei wiederholter Durchführung zu vergleichbaren Ergebnissen zu kommen, nennt man …

   a) … Validität. ○
   b) … Reliabilität. ○
   c) … Regressivität. ○
   d) … Objektivität. ○

1.2.4. Ergänzung

   a) Die Eigenschaft von Daten, tatsächlich Informationen für ein vorgegebenes theoretisches Konzept zu liefern, wird als _____ _____ bezeichnet.

   b) Die Eigenschaft von Daten, intersubjektiv überprüfbar zu sein, wird als _____ bezeichnet.

   c) Liegen für eine Variable Beobachtungen für unterschiedliche Merkmalsträger (Haushalte, Firmen) für aufeinander folgende Zeitperioden (z.B. Jahre) vor, spricht man von _____ .

1.2 Datenbasis der empirischen Wirtschaftsforschung

1.2.5. Wahr oder Falsch
Die Daten für die Anzahl der registrierten Arbeitslosen basieren auf einer Vollerhebung.
  a) Wahr .... ○
  b) Falsch .... ○

1.2.6. Wahr oder Falsch
Die Daten des ZEW Finanzmarkttests basieren auf einer Vollerhebung.
  a) Wahr .... ○
  b) Falsch .... ○

1.2.7. Wahr oder Falsch
Die Daten für den Konsumentenpreisindex werden durch Beobachtung erhoben.
  a) Wahr .... ○
  b) Falsch .... ○

1.2.8. Wahr oder Falsch
Die Daten des Sozio-ökonomischen Panels (SOEP) werden durch Befragung gewonnen.
  a) Wahr .... ○
  b) Falsch .... ○

1.2.9. Ergänzung
  a) Die Tatsache, dass sich allein durch eine Datenerhebung auch ökonomisches Verhalten ändern kann, wird als _____ _____ der Datenerhebung bezeichnet.
  b) Werden Daten im Zeitablauf rückwirkend korrigiert, beispielsweise um neuen Informationen oder geänderten Definitionen Rechnung zu tragen, so handelt es sich um _____.

1.2.10. Multiple Choice
Die Berechnung und inhaltliche Interpretation von Mittelwert und Varianz ist theoretisch gut begründet und inhaltlich sinnvoll für die Variable ...
  a) ... Studienfach. .... ○
  b) ... Ratingklasse. .... ○
  c) ... Bruttomonatseinkommen. .... ○
  d) ... Fahrradmarke. .... ○

1.2.11. Multiple Choice
Für die Qualität der mit eigenen Erhebungen gewonnenen Daten spielt es **keine** Rolle, ...
   a) ... ob qualitative oder quantitative Merkmale erhoben werden. ..... ○
   b) ... ob die ausgewählten Erhebungseinheiten repräsentativ für die Grundgesamtheit sind. .... ○
   c) ... ob die Erhebungseinheiten, von denen Daten erhalten werden, repräsentativ für die Grundgesamtheit sind. .... ○
   d) ... ob die Fragestellungen zielgerichtet, verständlich, neutral und zügig zu beantworten sind. .... ○

1.2.12. Wahr oder Falsch
Bei Daten der offiziellen Statistik kann man immer davon ausgehen, dass alle relevanten Anforderungen an die Daten unabhängig von der konkreten Anwendung erfüllt sind.
   a) Wahr .... ○
   b) Falsch .... ○

1.2.13. Multiple Choice
Wenn eigene Erhebungen von Daten (z.B. per postalischer Umfrage oder als Websurvey) erhoben werden, wird häufig die Repräsentativität der Stichprobe betont. In welchem Fall ist eine Repräsentativität der Stichprobe in Bezug auf die Grundgesamtheit für bestimmte Merkmale (z.B. Alter und Geschlecht der befragten Personen) gegeben?
   a) Die Befragten haben dieselbe Altersstruktur und denselben Anteil von Frauen bzw. Männern wie die Grundgesamtheit. .... ○
   b) Die Altersstruktur in der Stichprobe entspricht derjenigen der Grundgesamtheit. .... ○
   c) Der Anteil der Frauen und Männer in der Stichprobe ist gleich dem entsprechenden Anteil der Befragten. .... ○
   d) Die Altersstruktur und der Anteil von Frauen bzw. Männern in der Stichprobe sind gleich dem der Grundgesamtheit. .... ○

1.2.14. Wahr oder Falsch
Bei einer Vollerhebung mittels postalischer Befragung ist die Repräsentativität immer gewährleistet.
   a) Wahr .... ○
   b) Falsch .... ○

1.2 Datenbasis der empirischen Wirtschaftsforschung

1.2.15. Multiple Choice

Zu einer im Hinblick auf die ökonomischen Folgen der Covid-19 Pandemie durchgeführten Erhebung, in der die Webseiten von mehr als 1 Million deutscher Firmen analysiert wurden, stellte sich die Fragen nach der Repräsentativität der Stichprobe. Wann ist eine Repräsentativität der Stichprobe in Bezug auf die Grundgesamtheit aller deutschen Firmen für bestimmte Merkmale (z.B. Unternehmensgröße und Sektorzugehörigkeit) gegeben?

a) Wenn die Struktur der Firmen im Hinblick auf Unternehmensgröße und Sektorzugehörigkeit, für die eine Webadresse (URL) vorlag, derjenigen in der Grundgesamtheit entspricht. .... ◯

b) Wenn die Struktur der Firmen im Hinblick auf Unternehmensgröße und Sektorzugehörigkeit, deren Webseiten ausgewertet werden konnten, derjenigen in der Grundgesamtheit entspricht. .... ◯

c) Wenn die Struktur der Firmen im Hinblick auf Unternehmensgröße und Sektorzugehörigkeit, deren Webseiten ausgewertet werden konnten, derjenigen der Firmen entspricht, für die Webadressen (URLs) vorlagen. ◯

d) Repräsentativität ist hier in jedem Fall allein schon aufgrund des sehr großen Stichprobenumfangs gegeben. .... ◯

1.2.16. Multiple Choice

Für die Vorbereitung politischer Entscheidungen zur Vermeidung von Todesfällen durch COVID-19 stehen im Dezember 2020 verschiedene Daten zur Verfügung:

- A Quartalsweise Daten des Bruttoinlandsproduktes für Deutschland vom Statistischen Bundesamt
- B Wöchentlich erhobene Umfragedaten des DIHK zur Betroffenheit der Unternehmen durch Geschäftsschließungen
- C Anzahl der Todesfälle durch oder mit COVID-19 der letzten 7 Tage.
- D Anteil der positiven Befunde unter den in den letzten 7 Tagen durchgeführten PCR-Tests
- E Zusatzzahl beim Lotto 6 aus 49 der jeweils letzten Ausspielung.

Welche der folgenden Sortierungen der Variablen erscheint Ihnen im Hinblick auf die Qualität der Variablen (insbesondere in den Dimensionen Validität und zeitnahe Verfügbarkeit) für den konkreten Anwendungszweck am naheligendsten ($A > B$ bedeutet dabei, dass die Variable A besser geeignet ist als B)?

a) $A > B > C > D > E$ .... ◯
b) $E > B > D > A > C$ .... ◯
c) $D > C > B > A > E$ .... ◯
d) $D > E > A > B > C$ .... ◯
e) $C > A > B > D > E$ .... ◯

1.3 Datenaufbereitung

1.3.1. Ergänzung
   a) Berechnet man fehlende Werte einer Zeitreihe als Durchschnitte benachbarter Werte, spricht man von einer _____.
   b) Schreibt man eine Zeitreihe durch einen angepassten linearen oder nichtlinearen Trend in die Zukunft fort, spricht man von einer _____.
   c) Die relative Veränderung einer Größe y als Reaktion auf eine relative Veränderung der Größe x um 1% wird als _____ von y in Bezug auf x bezeichnet.

1.3.2. Multiple Choice
   Kein Vorteil der Betrachtung von Quotienten ist ...
   a) ... die dadurch erreichbare Elimination von Trends. ○
   b) ... die dadurch erreichbare Unabhängigkeit vom absoluten Niveau der Daten. ○
   c) ... die dadurch erreichbare Unabhängigkeit von der Entwicklung im Nenner. ○
   d) ... die dadurch erreichbare Unabhängigkeit von den gewählten Einheiten. ○

1.3.3. Multiple Choice
   Kein Ergebnis einer Quotientenbildung ist ...
   a) ... die Arbeitslosenquote. ○
   b) ... das Bruttoinlandsprodukt pro Kopf. ○
   c) ... die Eigenkapitalquote einer Bank. ○
   d) ... die Anzahl weiblicher Vorstandsmitglieder in DAX-Unternehmen. ○

1.3.4. Wahr oder Falsch
   Werden Wachstumsraten in der üblichen Weise berechnet, d.h. $\Delta x_t = (x_t - x_{t-1})/x_{t-1} \times 100$, ergibt sich die Wachstumsrate über mehrere Perioden exakt als Summe der Wachstumsraten für die Teilperioden.
   a) Wahr ○
   b) Falsch ○

1.3.5. Wahr oder Falsch
   Bei einem im Zeitablauf steigenden Preisniveau P führt die Messung der Inflationsrate für den Zeitpunkt t nach der Formel $(P_t - P_{t-1})/P_{t-1}$ im Vergleich zur Messung nach der Formel $(P_t - P_{t-1})/P_t$ zu höheren Werten.
   a) Wahr ○
   b) Falsch ○

1.3.6. Ergänzung

a) Berechnet man einen Preisindex auf Basis der Gewichte eines für ein Basisjahr festgelegten Warenkorbs, handelt es sich um einen _____-Preisindex.

b) Berechnet man einen Preisindex auf Basis der Gewichte des jeweils aktuellen Jahres, handelt es sich um einen _____-Preisindex.

1.3.7. Multiple Choice
Der Warenkorbeffekt besagt, ...

a) ... dass man für ein gegebenes Budget nur eine begrenzte Anzahl an Konsumgütern erwerben kann. ○

b) ... dass die Nachfrage nach Gütern mit steigenden Preisen zunimmt. ○

c) ... dass ein hedonischer Preisindex die Preisentwicklung überschätzt, da Güter mit fallenden Preisen zu stark gewichtet werden. ○

d) ... dass ein Laspeyres-Index die Preisentwicklung überschätzt, da die Gewichtung von Gütern mit fallenden Preisen tendenziell zu niedrig ist. ○

1.3.8. Wahr oder Falsch
Wenn Konsumenten im Zeitablauf relativ teurere Güter weniger und relativ billigere Güter häufiger kaufen, führt dies beim Laspeyres-Index zum so genannten „Warenkorbeffekt". Bei positiven Inflationsraten führt dies dazu, dass die mit dem Laspeyres-Index berechnete Inflationsrate größer ausfällt als die, die nach dem Paasche-Index berechnete würde.

a) Wahr ○

b) Falsch ○

1.3.9. Wahr oder Falsch
Bei Quoten wie der Arbeitslosenquote, der Exportquote oder Staatsschuldenquote handelt es sich um Anteile, so dass die Werte dieser Quoten immer zwischen 0 und 1 liegen.

a) Wahr ○

b) Falsch ○

1.4 Wirtschaftsindikatoren

1.4.1. Ergänzung
a) Die Anforderung an einen Wirtschaftsindikator, dass ein theoretisch begründeter Zusammenhang mit dem zu beschreibenden Phänomen bestehen muss, nennt man _____.
b) Ein in der Vergangenheit beobachteter relativ fester zeitlicher Zusammenhang zwischen Indikator und Referenzgröße beschreibt die Indikatoreigenschaft der _____.

1.4.2. Multiple Choice
Welche Anforderung an einen Indikator für die Konjunktur erfüllt das Bruttoinlandsprodukt **nicht**?
a) Plausibilität. ○
b) Konformität. ○
c) Datenaktualität. ○
d) Gleichlauf. ○

1.4.3. Multiple Choice
Die folgenden Abbildungen zeigen jeweils die Jahreswachstumsrate des BIP (dünne Linie) und einen Indikator aus den Umfragen des ifo Instituts (gestrichelte Linie).

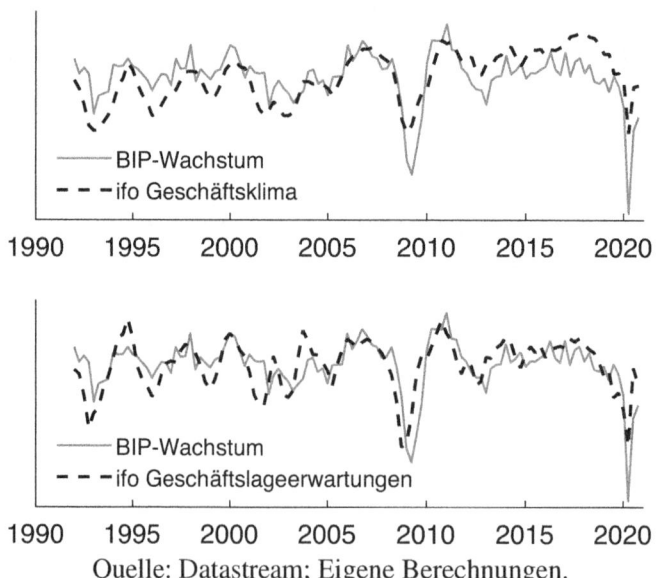

Quelle: Datastream; Eigene Berechnungen.

Welche der folgenden Aussagen ist hinsichtlich der Eigenschaften der Variablen des ifo Instituts als Indikatoren für das BIP am ehesten zutreffend? Achten Sie dabei insbesondere auf die Eigenschaften im Umfeld der Finanzmarktkrise 2008.

a) Das ifo Geschäftsklima und die ifo Geschäftslageerwartungen sind stets deutlich vorlaufende Indikatoren. .... ○

b) Das ifo Geschäftsklima ist ein gleichlaufender und die ifo Geschäftslageerwartungen ein nachlaufender Indikator. .... ○

c) Das ifo Geschäftsklima ist ein gleichlaufender und die ifo Geschäftslageerwartungen ein vorlaufender Indikator. .... ○

d) Das ifo Geschäftsklima ist ein vorlaufender und die ifo Geschäftslageerwartungen ein nachlaufender Indikator. .... ○

1.4.4. Multiple Choice

Die folgende Abbildung zeigt die Fallzahlen für gemeldete neue COVID-19-Fälle (gestrichelte Linie) und Todesfälle (graue Linie) über 7 Tage (jeweils geteilt durch 7).

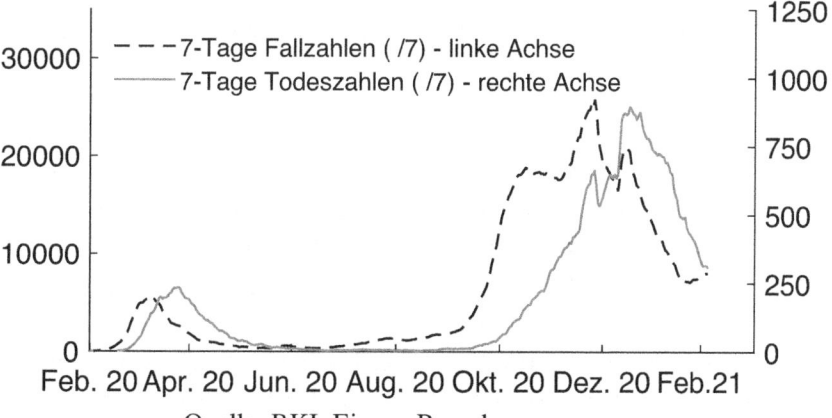

Quelle: RKI; Eigene Berechnungen.

Welche der folgenden Aussagen ist hinsichtlich der Eigenschaften der beiden Indikatoren Fallzahlen und Todesfälle demnach am ehesten zutreffend?

a) Die Fallzahlen sind ein vorlaufender Indikator für die Todesfälle. ...○

b) Die Fallzahlen sind ein gleichlaufender Indikator für die Todesfälle. ○

c) Die Todesfälle sind ein vorlaufender Indikator für die Fallzahlen. ...○

d) Es gibt keinen Bezug der zeitlichen Verläufe der beiden Indikatoren. ○

1.4.5. Multiple Choice
Kein gleichlaufender Indikator für die konjunkturelle Entwicklung ist ...
a) ... der Index der Nettoproduktion. ○
b) ... die Veränderung der Kapazitätsauslastung. ○
c) ... die Zahl der Arbeitslosen. ○
d) ... der Einzelhandelsumsatz. ○

1.4.6. Multiple Choice
Ein nachlaufender Indikator für die konjunkturelle Entwicklung ist ...
a) ... die Anzahl der Insolvenzen. ○
b) ... die Veränderung der Kapazitätsauslastung. ○
c) ... der Index der Nettoproduktion. ○
d) ... der Aktienindex DAX. ○

1.4.7. Multiple Choice
Zur gesamtwirtschaftlichen Analyse im Jahr 2020 wurden neben dem BIP eine Reihe anderer Indikatoren eingesetzt, unter anderem ein von der Deutschen Bundesbank entwickelter wöchentlicher Aktivitätsindex, der zum Beispiel das Volumen der LKW-Transporte (erhoben über die Abrechnung der LKW-Maut) berücksichtigt. Welchen Vorteil weist ein solcher Indikator **nicht** auf?
a) Der Aktivitätsindex liegt früher vor als die ersten Einschätzungen des BIP nach Quartalsende. ○
b) Der Aktivitätsindex ist ein vorlaufender Indikator, d.h. im Vergleich zum BIP liegen Tief- und Hochpunkte der Reihe früher. ○
c) Der Aktivitätsindex liegt in höherer Frequenz vor, d.h. nicht nur Quartalsweise sondern wöchentlich. ○
d) Der Aktivitätsindex weist über längere Zeiträume einen engen Gleichlauf mit der vierteljährlichen Wirtschaftsentwicklung auf. ○

1.4.8. Wahr oder Falsch
Die Staatsquote ist eine echte Quote.
a) Wahr ○
b) Falsch ○

1.4.9. Multiple Choice
Kein Bestandteil der Zahlungsbilanz ist ...
a) ... die Bilanz der EZB. ○
b) ... die Dienstleistungsbilanz. ○
c) ... die Kapitalbilanz. ○
d) ... die Leistungsbilanz. ○

1.4.10. Ergänzung

a) Die Inflation der Verbraucherpreise ohne Energie und saisonabhängige Nahrungsmittel wird als _____ bezeichnet.

b) Der Quotient aus bei den Arbeitsagenturen gemeldeten offenen Stellen und allen offenen Stellen heißt _____.

c) Der Indikator „Mittlere Dauer der Arbeitslosigkeit" wird berechnet, indem man die Zahl der Arbeitslosen in einem Monat durch die

_____

des selben Monats teilt.

1.4.11. Multiple Choice

In seinem Jahresgutachten 2017/18 setzte sich der Sachverständigenrat zur Begutachtung der gesamtwirtschaftlichen Entwicklung intensiv mit dem Thema "Fachkräfteengpässe" bzw. "Fachkräftemangel" auseinander.
Auf S. 385 heißt es dazu: "Für keines der Anforderungsniveaus 'Fachkräfte', 'Spezialisten' und 'Experten' zeigen sich Anzeichen für einen berufs- und regionenübergreifenden Mangel, da einer offenen Stelle jeweils mehr als zwei Arbeitslose mit entsprechender Qualifikation gegenüberstehen." Welche Aussage lässt sich daraus im Hinblick auf das Phänomen "Fachkäfteengpässe" ableiten?

a) Der Sachverständigenrat verwendet als gleichlaufenden Indikator für "Fachkräfteengpässe" die Dauer bis zur Wiederbesetzung einer offenen Stelle. ○

b) In Deutschland 2018 gibt es klare Anzeichen für einen bestehenden berufs- und regionenübergreifenden Fachkräftemangel. ○

c) Die Anzahl der offenen Stellen ist ein valider Indikator für das Bestehen von "Fachkräfteengpässen". ○

d) Die Operationalisierung der Variablen "Fachkräfteengpass" erfolgt durch die Anzahl von Arbeitslosen mit entsprechender Qualifikation geteilt durch die Anzahl der offenen Stellen. ○

1.4.12. Wahr oder Falsch

Mittelfristig entwickeln sich der Leistungsbilanzsaldo und der Kapitalbilanzsaldo eines Landes in gleicher Größenordnung mit umgekehrtem Vorzeichen, d.h. einem Leistungsbilanzüberschuss steht in der Regel ein etwa gleich großer negativer Kapitalbilanzsaldo gegenüber.

a) Wahr ○

b) Falsch ○

16   Kapitel 1. Multiple-Choice-Aufgaben

1.4.13. Multiple Choice
Kein Wachstumsindikator ist ...
   a) ... das BIP. ○
   b) ... der Produktionsindex für das verarbeitende Gewerbe. ○
   c) ... der Kapazitätsauslastungsgrad. ○
   d) ... die Staatsquote. ○

1.4.14. Multiple Choice
Der Gini-Koeffizient ...
   a) ... ist ein Maß der funktionellen Einkommensverteilung. ○
   b) ... kann Werte zwischen -1 und +1 annehmen. ○
   c) ... nimmt mit zunehmender Ungleichheit ab. ○
   d) ... nimmt den Wert 0 an, wenn perfekte Gleichheit vorliegt. ○

1.4.15. Multiple Choice
Die folgende Abbildung ist angelegt an eine Abbildung im Jahresgutachten 2019/20 des Sachverständigenrats zur Begutachtung der gesamtwirtschaftlichen Entwicklung (S. 321).

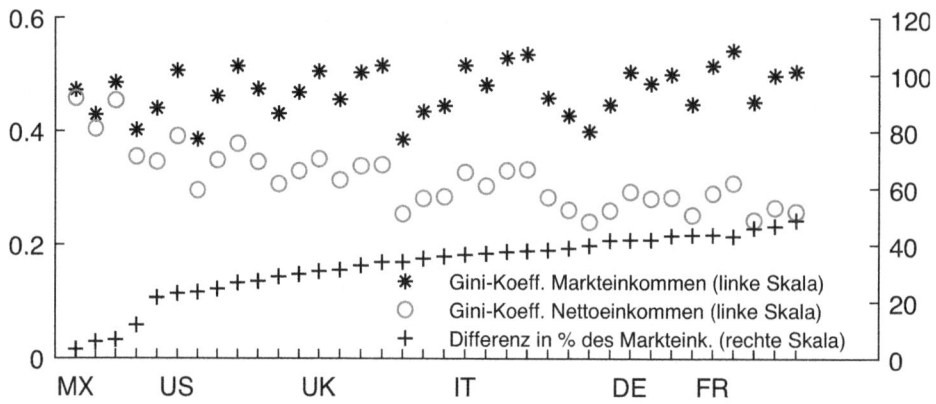

Welche der folgenden Aussagen bezogen auf die Länder USA (US) und Deutschland (DE) ist demnach zutreffend?
   a) Die Markteinkommen liegen in Deutschland auf ungefähr derselben Höhe wie in den USA, die Nettoeinkommen fallen jedoch in Deutschland deutlich niedriger aus. ○
   b) Die Umverteilung durch Steuern, Abgaben und Transfers führt in Deutschland zu einer deutlicheren Abnahme der durch den Gini-Koefizienten gemessenen Ungleichheit der personellen Einkommensverteilung als in den USA. ○

c) Die durch den Gini-Koeffizienten gemessene Ungleichheit der personellen Einkommensverteilung ist für die Markteinkommen in Deutschland deutlich höher als in den USA. .... ○

d) Die durch den Gini-Koeffizienten gemessene Ungleichheit der personellen Einkommensverteilung ist im Vergleich von Deutschland und den USA für die Nettoeinkommen ungefähr gleich groß. .... ○

1.4.16. Wahr oder Falsch
Die bereinigte Lohnquote ist ein Maß der personellen Einkommensverteilung.

a) Wahr .... ○
b) Falsch .... ○

1.4.17. Ergänzung
a) Der Quotient aus Arbeitnehmerentgelten (brutto) und Volkseinkommen wird als _____ bezeichnet.

b) Gegeben seien die Einkommen x_i für n Personen $i = 1, \ldots, n$, die aufsteigend sortiert sind, also $x_1 \leq x_2 \leq \ldots x_n$. Bezeichne $u_j = j/n$ den Anteil der ersten j Personen an allen Personen und v_j den kumulierten Einkommensanteil der ersten j Personen am gesamten Einkommen. Die Kurve, welche die Punkte $(0,0), (u_1, v_1), (u_2, v_2), \ldots, (u_n, v_n)$ verbindet, heißt _____.

1.4.18. Multiple Choice
Kein absolutes Konzentrationsmaß ist ...

a) ... der Herfindahl-Index. .... ○
b) ... die Konzentrationsrate CR_3. .... ○
c) ... der Gini-Koeffizient. .... ○
d) ... die Konzentrationsrate CR_5. .... ○

1.4.19. Multiple Choice
Die folgende Abbildung bezieht sich auf den europäischen Bankensektor. Die Balken zeigen den Anteil der jeweils fünf größten Kreditinstitute an allen Vermögenswerten des Bankensektors in den jeweiligen Ländern.
Welche der folgenden Aussagen bezogen auf die Kreditinstitute in Belgien (*BE*) und Deutschland (*DE*) ist demnach zutreffend?

a) Die Konzentration im Bankensektor gemessen an der Konzentrationsrate CR_5 ist in beiden Ländern zwischen 2008 und 2015 gestiegen. ... ○

b) Die Konzentration im Bankensektor gemessen an der Konzentrationsrate CR_5 ist zwischen 2008 und 2015 in Belgien gefallen, während sie in Deutschland gestiegen ist. .... ○

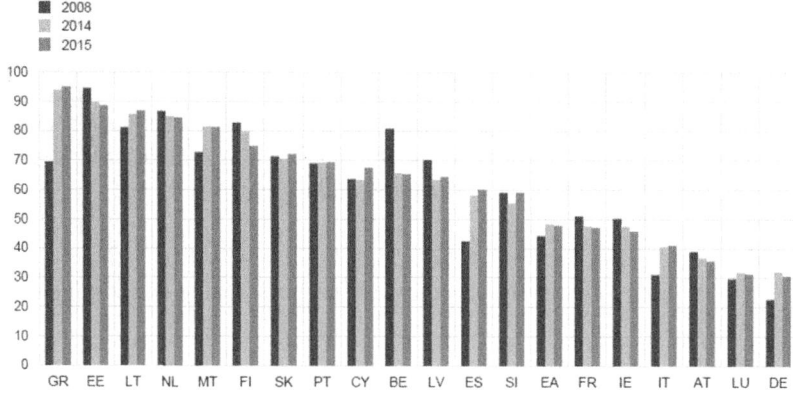

Quelle: EZB, Report on financial structures, October 2016, S. 30.

c) Die Konzentration im Bankensektor gemessen an der Konzentrationsrate CR_5 ist zwischen 2008 und 2015 in Belgien gestiegen, während sie in Deutschland gefallen ist. .... ○

d) Eine Aussage über die Konzentration im Bankensektor der beiden Länder kann nur auf Basis des hier nicht dargestellten Herfindahl Index erfolgen. .... ○

1.4.20. Multiple Choice
Welche der folgenden Aussagen über Ungleichheits- bzw. Konzentrationsmaße ist **nicht** zutreffend?

a) Für einen gegebenen Sektor ist die Konzentrationsrate CR_5 immer größer oder gleich der Konzentrationsrate CR_3 .... ○

b) Der Herfindahl-Index ist ein relatives Konzentrationsmaß. .... ○

c) Beim Gini-Koeffizienten deuten größere Werte auf ein höheres Maß an Ungleichheit hin. .... ○

d) Der Gini-Koeffizient kann auf Basis der Lorenzkurve berechnet werden.
.... ○

1.4.21. Wahr oder Falsch
Insolvenzrate und Kapazitätsauslastungsgrad sind beides nachlaufende Indikatoren für die gesamtwirtschaftliche Aktivität.

a) Wahr .... ○
b) Falsch .... ○

1.5 Input-Output-Analyse

1.5.1. Multiple Choice
Keine gängige Erweiterung der Input-Output-Analyse ist ...

a) ... die Analyse internationaler Input-Output-Tabellen. .... ○

b) ... die dynamische Analyse, in der sich Inputfaktoren im Zeitablauf ändern, z.B. aufgrund von Investitionen in den Kapitalbestand. ...... ○

c) ... die endogene Modellierung der Faktornachfrage. .... ○

d) ... die Anpassung der Inputkoeffizienten an theoretische Zielwerte. .. ○

1.5.2. Ergänzung

a) Die Zahl, die den Anteil der Produktion eines Sektors i, der als Vorleistung an Sektor j oder an die Endverbrauchskomponente j geht, misst, heißt _____.

b) Die Zahl, die den Anteil der Vorleistung eines Sektors i an der Kostenstruktur eines Sektors j ausweist, heißt _____.

1.5.3. Wahr oder Falsch
Die Leontief-Inverse kann benutzt werden, um ausgehend von Veränderungen in der Endnachfrage die dadurch induzierten Veränderungen der Produktionswerte aller Sektoren zu bestimmen.

a) Wahr .... ○

b) Falsch .... ○

1.5.4. Multiple Choice
Mit Hilfe der Input-Output-Analyse kann die Frage beantworten werden, ...

a) ... wie hoch die durch die Möbelproduktion induzierte Wertschöpfung im Bereich der Textilindustrie ist. .... ○

b) ... wie der gewinnmaximierende Einsatz von Produktionsfaktoren aussieht. .... ○

c) ... ob eine Erhöhung der Mehrwertsteuer zu einer Reduktion der Staatsverschuldung führt. .... ○

d) ... ob Faktoreinkommen (Löhne, Gewinne) gerecht auf die Inputfaktoren verteilt sind. .... ○

1.5.5. Multiple Choice
Eine aktuelle Input-Output-Tabelle liefert **keine** Information über ...
- a) ... die zur Produktion von Gütern benutzten Inputfaktoren. .... ○
- b) ... die Entwicklung der Kapitalproduktivität in den einzelnen Sektoren. .... ○
- c) ... die Vorleistungsverflechtungen zwischen Sektoren. .... ○
- d) ... die letzte Verwendung der produzierten Güter und Dienstleistungen. .... ○

1.5.6. Multiple Choice
Kein Konzept im Kontext der Input-Output-Analyse ist ...
- a) ... der Outputkoeffizient. .... ○
- b) ... die Leontief-Inverse. .... ○
- c) ... das Kronecker-Produkt. .... ○
- d) ... die Vorleistungsverflechtung zwischen Sektoren. .... ○

1.5.7. Wahr oder Falsch
Die Input-Output Analyse kann eingesetzt werden, um Übertragungseffekte der durch Betriebsschließungen bedingten Produktionsrückgänge im Dienstleistungssektor auf Sektoren des Verarbeitenden Gewerbes im Zuge der COVID19-Pandemie zu quantifizieren.
- a) Wahr .... ○
- b) Falsch .... ○

1.6 Das ökonometrische Modell

1.6.1. Multiple Choice
Welche der folgenden Komponenten ist **kein** Bestandteil jeder ökonometrischen Analyse?
- a) ein ökonomisches Modell. ○
- b) geeignete Daten. ○
- c) Saisonbereinigung. ○
- d) statistische Theorien und Methoden. ○

1.6.2. Multiple Choice
Kein Schritt im Vorgehen bei der Aufstellung, Quantifizierung und Auswertung eines ökonometrischen Modells ist ...
- a) ... die Schätzung der Parameter. ○
- b) ... die Maximierung der Summe der quadrierten Residuen. ○
- c) ... die Spezifikation des Modells. ○
- d) ... die Überprüfung der Schätzung auf Basis der geschätzten Residuen. ○

1.6.3. Multiple Choice
Welche Aussage zum ökonometrischen Modell trifft **nicht** zu?
- a) Der Erwartungswert der Fehlerterme soll null betragen. ○
- b) Das ökonometrische Modell soll sich aus theoretischen Überlegungen ergeben. ○
- c) Die Fehlerterme sollen zufällige, unsystematische Einflüsse auf die erklärenden Variablen abbilden. ○
- d) Die zu schätzenden Parameter werden bei der Kleinste-Quadrate-Schätzung so gewählt, dass die Summe der quadrierten Residuen maximiert wird. ○

1.6.4. Wahr oder Falsch
Ein ökonometrisches Modell setzt nicht voraus, dass es ein theoretisches Verständnis für einen möglichen Zusammenhang zwischen den modellierten Variablen gibt.
- a) Wahr ○
- b) Falsch ○

1.7 Das lineare Regressionsmodell

1.7.1. Wahr oder Falsch
Wird für eine Zeitreihe Y_t das lineare Modell $Y_t = \beta + \varepsilon_t$ mit der Methode der Kleinsten-Quadrate geschätzt, so entspricht der Schätzwert $\hat{\beta}$ für den Koeffizienten β **nicht** dem arithmetischen Mittel der für Y_t vorliegenden Beobachtungen.
   a) Wahr .... ○
   b) Falsch .... ○

1.7.2. Ergänzung
   a) Ein Parameterschätzer, der im Durchschnitt über viele Stichproben den wahren Wert des Parameters in der Grundgesamtheit liefert, ist ein _____ Schätzer.
   b) Ein Parameterschätzer heißt _____, wenn er die kleinste Varianz innerhalb einer vorgegebenen Gruppe von Schätzern erzielt.

1.7.3. Multiple Choice
Wenn der Wert für das Bestimmtheitsmaß R^2 kleiner als 0.5 (50%) ist ...
   a) ... deutet dies auf das Vorliegen einer ausgeprägten Heteroskedastizität hin. .... ○
   b) ... muss mindestens eine weitere erklärende Variable in das Modell aufgenommen werden damit der KQ-Schätzer die BLUE-Eigenschaft besitzt.
      .... ○
   c) ... liegt wahrscheinlich Endogenität vor. .... ○
   d) ... is keine der oben genannten Aussagen zutreffend. .... ○

1.7.4. Wahr oder Falsch
Das R^2 kann beim Hinzufügen weiterer Variablen nie kleiner werden.
   a) Wahr .... ○
   b) Falsch .... ○

1.7.5. Multiple Choice
Der Wert für das Bestimmtheitsmaß R^2 für das lineare Regressionsmodell $Y_t = \beta_1 + \beta_2 X_t + \varepsilon_t$ wird ungefähr null sein, wenn ...
   a) ... die Werte für Y_t und X_t klein sind. .... ○
   b) ... der Wert von β_1 nahe null ist. .... ○
   c) ... die Werte der ε_t klein sind. .... ○
   d) ... der Wert von β_2 nahe null ist. .... ○

1.7 Das lineare Regressionsmodell

1.7.6. Multiple Choice
Betrachten Sie ein Modell, das einen linearen Zusammenhang zwischen Y_t und X_t unterstellt, also $Y_t = \beta_1 + \beta_2 X_t$. Es liegen Beobachtungen für Y_t und X_t für $t = 1, \ldots, T$ vor. Welche der folgenden Aussagen ist dann zutreffend?

a.) Die Parameter β_1 und β_2 können sinnvoll bestimmt werden, auch wenn die Beobachtungen nicht exakt auf einer Geraden liegen. .... ◯

b.) Wenn die Beobachtungen nicht exakt auf einer Geraden liegen, muss das Modell verworfen werden, weil es Fehler aufweist. .... ◯

c.) Wenn die Anzahl der Beobachtungen T (deutlich) größer als 30 ist, kann davon ausgegangen werden, dass $\beta_1 = 1$ ist. .... ◯

d.) Es gilt, dass X_t und Y_t korreliert sind. Über eine Kausalbeziehung zwischen X_t und Y_t kann keine Aussage getroffen werden. .... ◯

1.7.7. Wahr oder Falsch
Wenn ein ausgeprägter linearer Zusammenhang zwischen den Variablen X_t und Y_t vorliegt, muss der Wert für das Bestimmtheitsmaß R^2 in der Nähe von $+1$ liegen.

a) Wahr .... ◯

b) Falsch .... ◯

1.7.8. Multiple Choice
Welche der folgenden Aussagen über Störterme und den Kleinste-Quadrate-Schätzer ist **nicht** zutreffend?

a) Wenn $\hat{\beta}$ den Kleinste-Quadrate-Schätzer eines linearen Regressionsmodells bezeichnet, sind die Werte $\hat{y} = x'\hat{\beta}$ die vom Modell prognostizierten Werte für die abhängige Variable. .... ◯

b) Der Störterm des Modells wirkt auf die beobachtete, abhängige Variable, aber kann selbst nicht beobachtet werden. .... ◯

c) Wenn der Kleinste-Quadrate-Schätzer $\hat{\beta}$ sowohl konsistent als auch unverzerrt ist, gilt für den wahren, unbekannten Parameter β, dass $\beta = \hat{\beta}$ ist. .... ◯

d) Aus der Konsistenz eines Kleinste-Quadrate-Schätzers folgt, dass die Varianz des Schätzers $\hat{\beta}$ mit zunehmender Stichprobengröße kleiner wird.
.... ◯

1.7.9. Wahr oder Falsch
Ein statistisch signifikanter Regressionskoeffizient weist immer auf einen kausalen Einfluss der zugehörigen Variable auf die zu erklärende Größe hin.

a) Wahr .... ◯

b) Falsch .... ◯

1.7.10. Multiple Choice
Für die Zerlegung der Variation einer Variablen Y_t mit Hilfe eines linearen Regressionsmodells gilt ...
a) ... $TSS = RSS^2$. ○
b) ... $TSS - RSS = ESS$. ○
c) ... $TSS + RSS = ESS$. ○
d) ... $TSS + ESS = -RSS$. ○

1.7.11. Multiple Choice
Welche der folgenden Bedingungen muss **nicht** erfüllt sein, um die mit der Kleinste-Quadrate-Methode geschätzten Koeffizienten mit dem Standardvorgehen interpretieren zu können?
a) Die Fehlerterme sind normalverteilt. ○
b) Alle geschätzten Parameter sind signifikant von null verschieden. ○
c) Die Fehlerterme für unterschiedliche Beobachtungen sind unabhängig. ○
d) Die Varianz der Fehlerterme ist unabhängig von der Beobachtung. ○

1.7.12. Wahr oder Falsch
In einer korrekt spezifizierten Konsumfunktion (mit über 50 Beobachtungen) erhält man als Schätzwert für die marginale Konsumneigung den Wert 0,978. Für diesen geschätzten Koeffizienten wird eine Standardabweichung von 0,0075 berechnet. Daraus ergibt sich, dass die Nullhypothese, dass die marginale Konsumquote in Wirklichkeit gleich eins ist, **nicht** zum 5%-Niveau verworfen werden kann.
a) Wahr ○
b) Falsch ○

1.7.13. Wahr oder Falsch
In einer korrekt spezifizierten Lohnfunktion mit dem logarithmierten Stundenlohn als abhängige Variable (mit über 1000 Beobachtungen) erhält man als Schätzwert für den Effekt eines zusätzlichen Ausbildungsjahres den Wert 0,07 (7%). Für diesen geschätzten Koeffizienten wird eine Standardabweichung von 0,025 ausgewiesen. Daraus ergibt sich, dass die Nullhypothese, dass der Effekt eines zusätzlichen Ausbildungsjahres in Wirklichkeit gleich 0,10 (10%) ist, **nicht** zum 5%-Niveau verworfen werden kann.
a) Wahr ○
b) Falsch ○

1.7 Das lineare Regressionsmodell

1.7.14. Multiple Choice

Betrachten Sie ein das lineare Regressionsmodell $Y_t = \beta_1 + \beta_2 X_t + \varepsilon_t$ mit Beobachtung für $t = 1,\ldots,T$. Die ε_t sind unabhängig von einander identisch verteilt, die X_t sind exogen, also insbesondere besteht keine Korrelation zwischen X_t und ε_t. Welche der folgenden Aussagen ist dann für die Kleinste-Quadrate-Schätzung zutreffend?

a) Falls die ε_t keiner Normalverteilung folgen, sind die Kleinste-Quadrate-Schätzer $\hat{\beta}_1$ und $\hat{\beta}_2$ verzerrt. Dies gilt auch asymptotisch, also für $T \to \infty$. .... ○

b) Falls die ε_t keiner Normalverteilung folgen, sind die Kleinste-Quadrate-Schätzer $\hat{\beta}_1$ und $\hat{\beta}_2$ in endlichen Stichproben, z.B. für $T = 100$, verzerrt. Asymptotisch, also für $T \to \infty$ sind die Schätzer unverzerrt. .... ○

c) Falls die ε_t keiner Normalverteilung folgen, ist bei endlichen Stichproben auch die Verteilung der Schätzer $\hat{\beta}_2$ nicht normal. .... ○

d) Für den Beweis, dass der Kleinste-Quadrate-Schätzer effizient ist, wird die Annahme der Unverzerrtheit nicht benötigt. .... ○

1.7.15. Multiple Choice

Sie wollen herausfinden, ob die Geldmenge M3 in der Schweiz genauso schnell steigt wie die Preise. Dazu regressieren Sie die logarithmierte Geldmenge (LOG(M)) auf das logarithmierte Preisniveau (LOG(P)), das durch den BIP-Deflator gemessen wird. Sie erhalten folgende Ergebnisse:

```
Dependent Variable: LOG(M)         Method: Least Squares
Sample: 1985:1 2020:4              Included observations: 144
-----------------------------------------------------------------
Variable   Coefficient   Std. Error   t-Statistic   Prob.
-----------------------------------------------------------------
C           -2.165750     0.739631    -2.928151     0.0040
LOG(P)       3.405758     0.163546    20.82442      0.0000
-----------------------------------------------------------------
```

Welche der folgenden Aussagen ist für den Zusammenhang zwischen M und P demnach zutreffend? Gehen Sie bei Ihren Aussagen wie üblich von einem Signifikanzniveau von 5% aus und unterstellen Sie, dass alle Annahmen für die Anwendung der Kleinste-Quadrate-Regression gegeben sind.

a) Die Preiselastizität der Geldmenge ist **nicht** signifikant von 3,5 verschieden. .... ○

b) Die Preiselastizität der Geldmenge ist **nicht** signifikant von Null verschieden. .... ○

c) Eine Aussage über die statistische Signifikanz des Koeffizienten von P ist auf Basis der vorliegenden Informationen **nicht** möglich. .... ○

d) Die Modellkonstante (C) ist nicht signifikant von Null verschieden. . ○

1.7.16. Multiple Choice

Um in einem linearen Regressionsmodell die Nullhypothese zu überprüfen, dass eine Reihe von Variablen gemeinsam keinen Einfluss auf die zu erklärende Größe haben (d.h. dass die zu diesen Variablen gehörenden Koeffizienten alle gleich null sind), benutzt man

a) das Probit-Verfahren. .... ○
b) das Logit-Verfahren. .... ○
c) den F-Test. .... ○
d) den Jarque-Bera-Test. .... ○

1.7.17. Ergänzung

a) Das _____ einer geschätzten linearen Regression drückt den Anteil der erklärten Variation an der gesamten Variation der abhängigen Variablen aus.

b) Wenn in einem linearen Regressionsmodell gleichzeitig mehrere lineare Restriktionen von Parametern (z.B. gemeinsame Signifikanz) geprüft werden sollen, kann man dafür den _____-Test benutzen.

1.7.18. Multiple Choice

Die folgende Abbildung zeigt vier Streudiagramme für bivariate Datensätze, an die jeweils ein lineares Modell angepasst wurde. Welche der folgenden Anordnungen entspricht am ehesten den Modellen in Bezug auf das R^2 ($A > B$ bedeutet dabei, dass das R^2 für Datensatz A größer als das für Datensatz B ist.

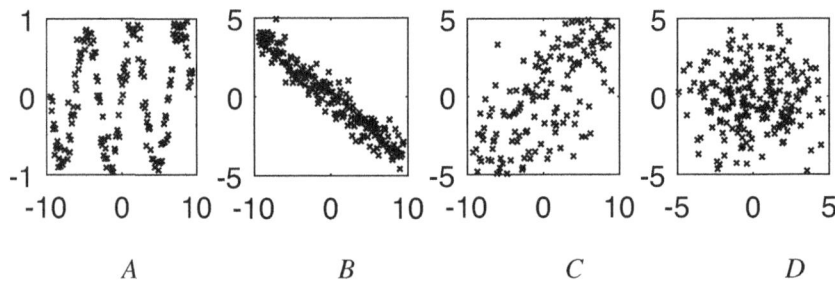

a) $B > C > A > D$. .... ○
b) $C > B > A > D$. .... ○
c) $B > A > C > D$. .... ○
d) $A > D > B > C$. .... ○

1.8 Residuenanalyse und Überprüfung der Modellannahmen

1.8.1. Multiple Choice
Wenn überprüft werden soll, ob die Residuen eines Regressionsmodells die Realisierungen normalverteilter Störterme sein können, verwendet man ...
   a) ... Dummyvariablen für verschiedene Verteilungsannahmen. .... ◯
   b) ... den Durbin-Watson-Test. .... ◯
   c) ... den Jarque-Bera-Test. .... ◯
   d) ... die Methode der Varianzstabilisierung durch Logarithmieren. .... ◯

1.8.2. Wahr oder Falsch
Wird aus der graphischen Analyse der Residuen ersichtlich, dass sich die Residuen tendenziell für mehrere aufeinander folgende Perioden oberhalb oder unterhalb der Nulllinie befinden, so ist dies ein Anzeichen für Autokorrelation in den Residuen.
   a) Wahr .... ◯
   b) Falsch .... ◯

1.8.3. Wahr oder Falsch
Wenn eine Zeitreihe von Fehlertermen ε_t keine Autokorrelation erster Ordnung aufweist, sind die Fehlerterme unabhängig.
   a) Wahr .... ◯
   b) Falsch .... ◯

1.8.4. Wahr oder Falsch
Wird aus der graphischen Analyse der Residuen einer Regression mit Zeitreihen ersichtlich, dass die absolute Größe der Residuen über die Zeit hinweg tendenziell zunimmt, so ist dies ein Anzeichen für Autokorrelation der Residuen.
   a) Wahr .... ◯
   b) Falsch .... ◯

1.8.5. Ergänzung

a) Der standardmäßig ausgewiesene Test auf Autokorrelation erster Ordnung der Residuen eines linearen Regressionsmodells heißt _____ _____.

b) Ein üblicher Test auf Heteroskedastie der Residuen eines linearen Regressionsmodells, in dem die quadrierten Residuen auf die erklärenden Variablen des Modells, deren Quadrate und Interaktionsterme regressiert werden, heißt _____-Test.

c) Wenn in einem dynamischen Modell auf Autokorrelation der Residuen getestet werden soll, kann dafür der _____-Test benutzt werden.

1.8.6. Multiple Choice

Die Schätzung einer einfachen Konsumfunktion mit saisonbereinigten Daten für den privaten Konsum (KONSUM_SB) und das verfügbare Einkommen (Y_VERF_SB) für den Zeitraum 2010.1 bis 2020.4 führt zu folgenden Ergebnissen:

```
Dependent Variable: KONSUM_SB    Method: Least Squares
Sample: 2010:1 2020:4       Included observations:  44
-------------------------------------------------------
Variable    Coefficient  Std. Error   t-Statistic   Prob.
-------------------------------------------------------
C            61.04208    15.80613      3.861924    0.0004
Y_VERF_SB     0.756471    0.034879    21.68853     0.0000
-------------------------------------------------------
R-squared               0.9180  Mean dependent var   402.58
Adjusted R-squared      0.9161  S.D. dependent var    31.160
Log likelihood       -158.22    Durbin-Watson stat    0.8013
F-statistic           470.39    Prob(F-statistic)     0.0000
-------------------------------------------------------
```

Welche der folgenden Aussagen ist für die Konsumfunktion auf Basis der verfügbaren Informationen demnach **nicht** zutreffend?

a) Die marginale Konsumneigung ist signifikant kleiner als eins. .... ◯

b) Die Fehlerterme des Modells weisen Autokorrelation erster Ordnung auf. .... ◯

c) Alle erklärenden Variablen des Modells haben gemeinsam einen statistisch signifikanten Einfluss auf den Konsum. .... ◯

d) Aufgrund des sehr hohen R^2 kann ausgeschlossen werden, dass Heteroskedastie vorliegt. .... ◯

1.9 Qualitative Variable

1.9.1. Multiple Choice
Was versteht man unter einer Dummyvariable?
   a) Eine Variable, die genau zwei diskrete Ausprägungen hat (z.B. Raucher oder Nichtraucher). .... ◯
   b) Eine Variable, die mehr als zwei diskrete Ausprägungen hat (z.B. Blutgruppe A, B, AB oder 0). .... ◯
   c) Eine Variable ohne inhaltliche Bedeutung, die der Konstanten in einem Regressionsmodell zugeordnet wird. .... ◯
   d) Den Fehlerterm, der als „dumme Variable" alle im Modell nicht berücksichtigten Effekte auffängt. .... ◯

1.9.2. Multiple Choice
Mit einer linearen Regressionsanalyse soll untersucht werden, welche Faktoren einen Einfluss auf die Anzahl der Krankheitstage pro Jahr von beschäftigten Personen haben. Das vorgeschlagene Modell dafür lautet:

$$KT_i = \beta_0 + \beta_1 DMANN_i + \beta_2 DFRAU_i + \beta_3 ALTER_i + \beta_4 GIESSEN_i + \varepsilon_i.$$

Dabei bezeichnet KT_i die Anzahl der Krankheitstage pro Jahr für Person i, $DMANN_i$ ist eine Dummy, die für Männer den Wert eins, für Frauen den Wert null annimmt, $DFRAU_i$ ist eine Dummy, die für Frauen den Wert eins, für Männer den Wert null annimmt, $ALTER_i$ ist das Lebensalter in Jahren und $GIESSEN_i$ ist eine Dummy, die den Wert eins annimmt, falls ein Hochschulabschluss aus Gießen vorliegt, und sonst den Wert null.
Welches Problem ist für diese Modellspezifikation zu erwarten?
   a) Positive Autokorrelation der Fehlerterme. .... ◯
   b) Negative Autokorrelation der Fehlerterme. .... ◯
   c) Perfekte Multikollinearität. .... ◯
   d) Der Schätzer für den Koeffizienten β_4 liegt nicht zwischen null und eins. .... ◯

1.9.3. Wahr oder Falsch
Bei der Schätzung des linearen Wahrscheinlichkeitsmodells kann es passieren, dass das Modell zu Prognosen der Wahrscheinlichkeit für die Ausprägung eins der abhängigen binären Variable führt, die größer als 100% sind.
   a) Wahr .... ◯
   b) Falsch .... ◯

1.9.4. Multiple Choice
Sei i ein Personenindex, ε_i ein Fehlerterm und D_i^{Frau} eine Dummyvariable, die den Wert 1 annimmt, falls es sich bei Person i um eine Frau handelt. Geschätzt wird die folgende Lohnregression: $\text{Lohn}_i = \beta_0 + \beta_1 D_i^{Frau} + \varepsilon_i$. Für die resultierenden Schätzer $\hat{\beta}_0$ und $\hat{\beta}_1$ gilt:

a) $\hat{\beta}_0$ ist der erwartete Lohn für Männer und $\hat{\beta}_1$ der erwartete Lohn für Frauen. .... ○

b) $\hat{\beta}_0 - \hat{\beta}_1$ ist der erwartete Lohn für Männer und $\hat{\beta}_1$ der erwartete Lohn für Frauen. .... ○

c) $\hat{\beta}_0$ ist der erwartete Lohn für Männer und $\hat{\beta}_1 - \hat{\beta}_0$ der erwartete Lohn für Frauen. .... ○

d) $\hat{\beta}_0$ ist der erwartete Lohn für Männer und $\hat{\beta}_0 + \hat{\beta}_1$ der erwartete Lohn für Frauen. .... ○

1.9.5. Multiple Choice
Welche Annahme hinsichtlich der Verteilungsfunktion der Störgrößen im Modell für die latente Variable liegt dem Probit-Modell zugrunde?

a) Die Paretoverteilung. .... ○
b) Die Gleichverteilung. .... ○
c) Die Normalverteilung. .... ○
d) Die logistische Verteilung. .... ○

1.9.6. Wahr oder Falsch
Die im linearen Wahrscheinlichkeitsmodell geschätzten Koeffizienten geben an, um welchen Wert sich die Wahrscheinlichkeit der Ausprägung einer abhängigen Variablen ändert, wenn sich die zum Koeffizienten gehörende erklärende Variable um eins erhöht.

a) Wahr .... ○
b) Falsch .... ○

1.9.7. Multiple Choice
Mittels einer empirischen Untersuchung soll geklärt werden, wie sich verschiedene Führungsstile auf den Gewinn eines Unternehmens auswirken. Dazu wurden Daten für 120 kleine und mittelständige Unternehmen gesammelt, die für jede Firma i den Gewinn G_i im Jahr 2019 und einen Indikator F_i enthalten, der die Werte 1, 2 oder 3 annehmen kann, wobei 1 für einen autoritären, 2 für einen kooperativen und 3 für einen laissez-faire Führungsstil steht. Als weitere erklärende Variable wurde der Umsatz U_i im Jahr 2019 erhoben.

1.9 Qualitative Variable

In der Schätzung des Modells

$$\log(G_i) = \beta_1 + \beta_2 \log(U_i) + \beta_3 F_i + \varepsilon_i$$

ergaben sich folgende Parameterschätzer:

$$\beta_1 = -0.1, \beta_2 = 1.1, \text{und}, \beta_3 = 0.2.$$

Die Standardabweichung aller Schätzer ist kleiner als 0.02, so dass unter der Annahme, dass alle Annahmen für den Einsatz der Kleinste-Quadrate-Methode gewährleistet sind (wovon Sie ausgehen dürfen) insbesondere alle drei Koeffizienten statistisch signifikant von null verschieden sind.

Welche der folgenden Aussagen ist demnach auf Basis der verfügbaren Informationen zutreffend?

a) Die Umsatzelasitzität des Gewinns ist signifikant kleiner als 1. ..... ◯

b) Ein kooperativer Führungsstil ist sowohl dem autoritären als auch dem laissez-faire Führungsstil vorzuziehen, da er ceteris paribus (d.h. bei gleichem Umsatz) zu höheren Gewinnen führt. .... ◯

c) Das Modell unterstellt, dass die Veränderung im Gewinn bei gegebenem Umsatz (also ceteris paribus) in den folgenden beiden Fällen genau gleich groß ist: Wechsel von einem autoritären zu einem kooperativer Führungsstil und Wechsel von einem kooperativen zu einem laissez-faire Führungsstil. .... ◯

d) Die inhaltliche Interpretation der Schätzer würde sich nicht ändern, wenn die Codierung der Führungsstile wie folgt geändert würde: 1 - autoritärer Führungsstil, 2 - laissez-faire Führungsstil und 3 - kooperativer Führungsstil. .... ◯

1.9.8. Multiple Choice

Welches Verfahren wird üblicherweise für die Schätzung des Probit- und Logit-Modells eingesetzt?

a) Die Kleinste-Quadrate Methode (KQ bzw. OLS). .... ◯

b) Der Schätzer basierend auf der Minimierung der absoluten Abweichungen (LAD). .... ◯

c) Die Momentenmethode (MM). .... ◯

d) Das Maximum-Likelihood-Verfahren (ML). .... ◯

1.9.9. Multiple Choice
Es soll der Einfluss einer Variablen X_i auf die binäre abhängige Variable D_i untersucht werden. Dafür wird das lineare Wahrscheinlichkeitsmodell $D_i = \beta_0 + \beta_1 X_i + \varepsilon_i$ geschätzt. Außerdem wird der Zusammenhang auch über ein Logit-Modell geschätzt, das für X_i den geschätzten Koeffizienten $\hat{\alpha}_1$ ausweist. Für $\hat{\alpha}_1$ und $\hat{\beta}_1$ gilt dann, ...

a) ...$\hat{\beta}_1$ und $\hat{\alpha}_1$ messen jeweils den marginalen Effekt einer Erhöhung von X_i um eine Einheit auf die Wahrscheinlichkeit, dass $D_i = 1$ ist. ..... ○

b) ...wenn $\hat{\alpha}_1 < 0$ ist, dann sinkt die Wahrscheinlichkeit für $D_i = 1$ mit steigenden Werten von X_i. .... ○

c) ...$\hat{\alpha}_1 = \hat{\beta}_1$. .... ○

d) ...$\hat{\alpha}_1 + \hat{\beta}_1 = 1$. .... ○

1.9.10. Multiple Choice
Die folgende Abbildung zeigt einen Ausschnitt aus den Schätzergebnissen eines Probit-Modells, das N. Barasinska und D. Schäfer im Discussion Paper No 05/2013 der Deutschen Bundesbank vorgestellt haben. Die abhängige Variablen RISKY nimmt den Wert null an, wenn die betrachtete Person keine risikobehafteten Anlagen (Aktienfonds) besitzt, und den Wert eins, falls er oder sie solche Anlagen hält.

Male	0.039***
	(0.014)
ln(Income)	0.095***
	(0.018)
II Wealth quartile	0.129***
	(0.037)
III Wealth quartile	0.258***
	(0.04)
IV Wealth quartile	0.524***
	(0.042)
Real Property	0.042***
	(0.013)
Self-Employed	-0.001
	(0.024)
Education	0.049***
	(0.014)

Die hier ausgewiesenen Ergebnisse beziehen sich auf Daten für Österreich. Male steht für eine Dummyvariable, die für Männer den Wert eins, sonst den Wert null annimmt, ln(Income) für das logarithmierte Einkommen der Person, die Dummies II Wealth quartile, III Wealth quartile und IV Wealth quartile für die Zugehörigkeit zum jeweiligen Quartil der Vermögensverteilung, die Dummy Real Property für Immobilieneigentum, die Dummy Self-Employed für selbständig Beschäftigte und die Dummy Education für einen höheren Bildungsabschluss. Die Gleichung enthält noch weitere erklärende Variablen, die hier nicht ausgewiesen werden.

Ausgewiesen sind die marginalen Effekte der jeweiligen Variablen für den länderspezifischen Mittelwert aller erklärenden Variablen. Die Symbole *, ** und *** weisen auf statistische Signifikanz zum 10%, 5% bzw. 1% Niveau hin.

Welche der folgenden Aussagen ist auf Basis der verfügbaren Informationen zutreffend?

a) Der hier nicht ausgewiesene Parameterschätzer für Male in der Probitgleichung muss negativ sein. .... ○

b) Männer haben ceteris paribus eine höhere Wahrscheinlichkeit, in risikobehaftete Anlageformen zu investieren. .... ○

c) Über die Wirkungsrichtung von Immobilieneigentum lässt sich keine Aussage treffen. .... ○

d) Eine Erhöhung des Einkommens um 1% führt ceteris paribus zu einer 9.5% höheren Wahrscheinlichkeit, in risikobehaftete Anlageformen zu investieren. .... ○

1.9.11. Multiple Choice
Im Rahmen einer Analyse der Determinanten der Lohnhöhe wird folgendes lineares Modell geschätzt:

$$W_i = \beta_1 + \beta_2 DSEX_i + \beta_3 DABI_i + \beta_4 DSEX_i \times DABI_i + \varepsilon_i$$

Dabei bezeichnet W_i den Monatsbruttolohn von Person i, $DSEX_i$ eine Dummy, die für Frauen den Wert eins, für Männer den Wert null annimmt, und $DABI_i$ eine Dummy, die den Wert eins annimmt, falls Person i das Abitur als höchsten Schulabschluss nachweisen kann (ansonsten null). Gehen Sie davon aus, dass die Schätzung des Modells zu einem signifikant positiven Schätzer $\hat{\beta}_4$ führt. Wie lässt sich dieser interpretieren?

a) Der Koeffizient gibt an, um wie viel der erwartete Lohn von Frauen mit Abitur höher ist als der von Frauen ohne Abitur. .... ○

b) Der Koeffizient weist aus, um wie viel der erwartete Lohn von Frauen ohne Abitur niedriger ist als der von Männern ohne Abitur. .... ○

c) Der Koeffizient weist aus, um wie viel der Effekt des Abiturs auf den Lohn für Frauen höher ausfällt als für Männer. .... ○

d) Der Koeffizient weist den marginalen Effekt einer zusätzlichen Ausbildung aus, die nur von Frauen wahrgenommen werden kann. .... ○

1.10 Trend- und Saisonbereinigung

1.10.1. Multiple Choice
Die folgende Abbildung zeigt die tägliche Anzahl der dem Robert-Koch-Institut (RKI) gemeldeten COVID-19 Fälle.

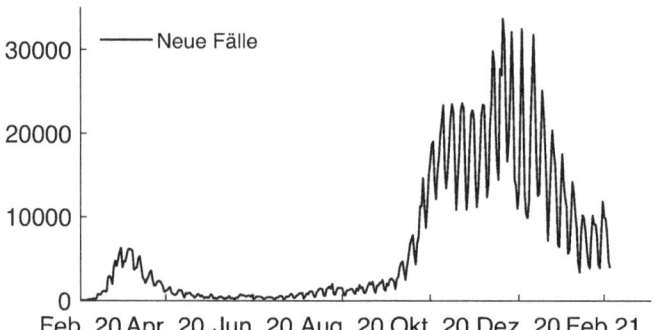

Quelle: RKI; Eigene Darstellung.

Welche der folgenden Aussagen ist hinsichtlich der Zeitreihe der Fallzahlen zutreffend.
  a) Die Zeitreihe weist kein saisonales Muster auf. .... ○
  b) Die Zeitreihe weist ein saisonale Muster mit Monatsfrequenz auf. .. ○
  c) Die Zeitreihe weist ein additives wöchentliches Saisonmuster auf. .. ○
  d) Die Zeitreihe weist ein multiplikatives (proptionales) wöchentliches Saisonmuster auf. .... ○

1.10.2. Wahr oder Falsch
Die Methode der „gleitenden Durchschnitte" bedeutet, dass jeder Reihenwert x_t durch den Durchschnitt der Elemente eines x_t umschließenden Intervalls „ersetzt" wird. Dieses Verfahren „bügelt die Spitzen glatt".
  a) Wahr .... ○
  b) Falsch .... ○

1.10.3. Multiple Choice
Welches der folgenden Verfahren ist **nicht** geeignet, um eine Zeitreihe Y_t mit Monatsdaten um ihre Saisonkomponente zu bereinigen (z.B. für graphische Analysen)?
  a) Berechnen von Jahreswachstumsraten. .... ○
  b) Gleitender Durchschnitt $GD_t = (0.5Y_{t-2} + Y_{t-1} + Y_t + Y_{t+1} + 0.5Y_{t+2})/4$. .... ○
  c) Leser-Filter (auch bekannt als Hodrick-Prescott-Filter) mit Gewichtung $\lambda = 14400$. .... ○

1.10 Trend- und Saisonbereinigung

d) Berechnung der Residuen einer Regression der Reihe auf zwölf Monatsdummies. .... ○

1.10.4. Multiple Choice

Die folgende Abbildung zeigt neben der täglichen Anzahl der dem Robert-Koch-Institut (RKI) gemeldeten COVID-19 Fälle (graue Linie) auch die ebenfalls vom RKI berichteten 7-Tage-Fallzahlen (jeweils durch 7 dividiert) als schwarze Linie.

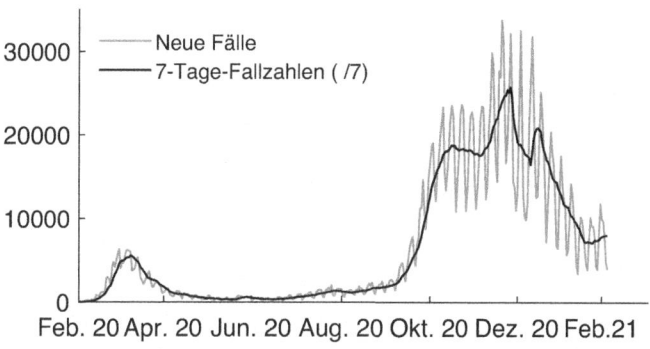

Quelle: RKI; Eigene Berechnungen.

Welche Aussage ist über die ausgewiesenen Zeitreihen **nicht** zutreffend.

a) Die Zeitreihe `Neue Fälle` weist einen Wochentagseffekt auf, der in der Zeitreihe `7-Tage-Fallzahlen` nicht erkennbar ist. .... ○

b) Bei der Berechnung der `7-Tage-Fallzahlen` handelt es sich um die Anwendung eines gleitenden Mittelwertes über die `Neuen Fälle`. ○

c) Die schwarze Linie wurde mittels des Leser-Filters (auch bekannt als HP-Filter) berechnet. .... ○

d) Die schwarze Linie resultiert nicht aus der Berechnung wöchentlicher Wachstumsraten. .... ○

1.10.5. Ergänzung

a) Das Phänomen, das sich die Werte der HP-Trendkomponente am aktuellen Rand häufig deutlich ändern, wenn neue Beobachtungen hinzukommen und die HP-Trendkomponente damit neu berechnet wird, bezeichnet man als _____.

b) Das zur Saisonbereinigung eingesetzte Verfahren, das auf einer Zerlegung der Zeitreihe im Frequenzbereich beruht, heißt _____ Verfahren.

1.10.6. Multiple Choice

Seien für $t = 1, \ldots, T$ y_t und x_t Beobachtungen von Variablen, die in monatlicher Frequenz vorliegen und eine saisonale Komponente beinhalten gegeben. Welches der folgenden ökonometrischen Modelle kann für diese Daten geschätzt werden, ohne dass man verzerrte t-Statistiken befürchten muss?

a) $y_t^{gldt.} = \beta_0 + \beta_1 x_t^{gltd.} + \varepsilon_t$, wobei $y_t^{gltd.}$ und $x_t^{gltd.}$ gleitende Durchschnitte bezeichnen. ○

b) $\Delta^{12} y_t = \beta_0 + \beta_1 \Delta^{12} x_t + \varepsilon_t$ für $t = 13, 14, 15, \ldots, T$, wobei Δ^{12} jeweils Veränderungen im Vergleich zum Vorjahr bezeichnet (also $\Delta^{12} y_t = y_t - y_{t-12}$). ○

c) $\Delta^{12} y_t = \beta_0 + \beta_1 \Delta^{12} x_t + \varepsilon_t$ für $t = 13, 25, 37, \ldots, T$, wobei Δ^{12} jeweils Veränderungen im Vergleich zum Vorjahr bezeichnet (also $\Delta^{12} y_t = y_t - y_{t-12}$). ○

d) $y_t^{HP} = \beta_0 + \beta_1 x_t^{HP} + \varepsilon_t$, wobei y_t^{HP} und x_t^{HP} die glatten Komponenten von y_t und x_t bezeichnet, die mit dem Leser-Filter (auch als Hodrick-Prescott-Filter bekannt) bestimmt wurden. ○

1.10.7. Multiple Choice

Der Einsatz von saisonbereinigten Daten in Regressionsanalysen von Zeitreihen kann unerwünschte Nebenwirkungen aufweisen. Betrachten Sie die Situation, in der für die Variablen y_t und x_t quartalsweise nicht saisonbereinigte Beobachtungen vorliegen. y_t^{HP} und x_t^{HP} bezeichnen die glatten Komponenten der Zeitreihen, die mit dem HP-Filter gewonnen wurden, $\Delta y_t = y_t - y_{t-1}$ und $\Delta x_t = x_t - x_{t-1}$ die quartalsweise Veränderung der Reihen, $\Delta^4 y_t = y_t - y_{t-4}$ und $\Delta^4 x_t = x_t - x_{t-4}$ schließlich die Veränderungen zum Vorjahresquartal. Welches der folgenden Regressionsmodelle kann ohne das Risiko verzerrter Teststatistiken geschätzt werden?

a) $y_t^{HP} = \beta_0 + \beta_1 x_t^{HP} + \varepsilon_t, t = 1, \ldots, T$. ○

b) $y_t^{HP} = \beta_0 + \beta_1 x_t^{HP} + \varepsilon_t, t = 1, 5, 9, \ldots, T$. ○

c) $\Delta^4 y_t = \beta_0 + \beta_1 \Delta^4 x_t + \varepsilon_t, t = 1, \ldots, T$. ○

d) $\Delta^4 y_t = \beta_0 + \beta_1 \Delta^4 x_t + \varepsilon_t, t = 1, 5, 9, \ldots, T$. ○

1.10.8. Multiple Choice

Warum sollte man die auf Basis mancher Saisonbereinigungsverfahren geschätzten Trendkomponenten nicht für Prognosen verwenden?

a) Die Trendkomponente am aktuellen Rand ist sensibel in Bezug auf die Einbeziehung weiterer Datenpunkte. ○

b) Der „wahre" Wert des Glättungsparameters λ ist unbekannt. ○

c) Die Trendkomponente tendiert für eine hohe Anzahl von Beobachtungen gegen eins. ○

d) Die irreguläre Komponente wird fälschlicherweise nicht in die Prognose einbezogen. ○

1.11 Dynamische Modelle

1.11.1. Multiple Choice
Das Fehlerkorrekturmodell zeichnet sich dadurch aus, dass

a) fehlerhafte Messungen der Variablen automatisch korrigiert werden. ○
b) berücksichtigt wird, dass ökonometrische Schätzungen immer Fehler enthalten. ....○
c) gleichzeitig kurzfristige Dynamik und langfristige Zusammenhänge modelliert werden können. ....○
d) die geschätzten Fehler (Residuen) um einen Filterkoeffizienten korrigiert werden, um besonders robuste Prognosen zu ermöglichen. ....○

1.11.2. Multiple Choice
Sie schätzen ein Fehlerkorrekturmodell zur Bestimmung des langfristigen Einflusses des Ölpreises je Barrel (OEL) auf den Benzinpreis je Gallone (BENZIN) in der Form:

$$\Delta(\text{BENZIN})_t = \beta_0 + \beta_1 \Delta(\text{OEL})_t + \beta_2 \text{BENZIN}_{t-1} + \beta_3 \text{OEL}_{t-1} + \varepsilon_t.$$

Dabei bezeichnet t den Zeitindex, Δ die ersten Differenzen und ε_t den Fehlerterm. Für die Koeffizienten erhalten Sie folgenden Schätzer: $\hat{\beta}_0 = 0.2$, $\hat{\beta}_1 = 0.02$, $\hat{\beta}_2 = -0.25$ und $\hat{\beta}_3 = 0.007$. Der langfristige Einfluss des Ölpreises auf den Benzinpreis beträgt somit:

a) 0.00175 ....○
b) 0.007 ....○
c) 0.028 ....○
d) 0.08 ....○

1.11.3. Ergänzung

a) Wenn im Modell mit verteilten Verzögerungen eine Auswahl unter unterschiedlichen Laglängen K erfolgen soll, kann diese Auswahl auf Basis eines _____–Kriteriums erfolgen.

b) Die folgende Tabelle zeigt die Werte des AIC-Kriteriums für die Schätzung einer Funktion, in der ein Verbraucherpreisindex durch Saisondummies sowie aktuelle und bis zu k verzögerte Werte eines Lohnindex modelliert wird.

Lags k	1	2	3	4	5	6	7	8	9	10
AIC	3.815	3.787	3.675	3.429	3.361	3.324	3.373	3.421	3.422	3.393

Es sollten demnach _____ verzögerte Werte in die Schätzung einbezogen werden.

c) Das dynamische Modell, in dem sowohl die kurzfristige Anpassung an Veränderungen der erklärenden Variable(n) als auch ein langfristig stabiler Zusammenhang zwischen den Variablen und die Anpassung daran modelliert werden, heißt _____ .

1.11.4. Multiple Choice

Die folgende Abbildung zeigt das Ergebnis der Schätzung einer Konsumfunktion.

```
Dependent Variable: KONSUM        Method: Least Squares
Sample: 1991:2 2019:2             Included observations: 113
-----------------------------------------------------------
Variable    Coefficient   Std. Error    t-Statistic    Prob.
-----------------------------------------------------------
C             0.062981     1.690349      0.037259     0.9703
@SEAS(1)    -21.43596      1.113921    -19.24370     0.0000
@SEAS(2)     -8.193195     1.271604     -6.443195    0.0000
@SEAS(3)     -1.625009     0.930340     -1.746683    0.0836
Y_VERF        0.638733     0.061411     10.40097     0.0000
Y_VERF(-1)    0.278587     0.061710      4.514424    0.0000
-----------------------------------------------------------
R-squared             0.9980    Mean dependent var   328.46
Adjusted R-squared    0.9979    S.D. dependent var    59.077
Log likelihood     -270.10      Durbin-Watson stat    0.4599
F-statistic        10588.2      Prob(F-statistic)     0.0000
-----------------------------------------------------------
```

Welche der folgenden Aussagen ist für diese Schätzung **nicht** zutreffend?

a) Es wurde ein Fehlerkorrekturmodell geschätzt. .... ◯

b) Eine Aussage über mögliche Autokorrelation der Fehlerterme kann auf Basis der Durbin-Watson Statistik nicht getroffen werden, da es sich um ein dynamisches Modell handelt. .... ◯

c) Der langfristige Effekt einer dauerhaften Erhöhung des Einkommens ist signifikant größer als der kurzfristige (unmittelbare) Effekt. .... ◯

d) Die Nullhypothese, dass der unmittelbare Effekt einer Erhöhung des Einkommens um einen Euro 90 Cent beträgt, muss zum 5%-Niveau verworfen werden. .... ◯

1.12 Nichtstationarität und Kointegration

1.12.1. Multiple Choice
Welcher der folgenden Zeitreihenprozesse ist kovarianz-stationär, wenn unterstellt wird, dass die Fehlerterme ε_t immer identisch unabhängig normalverteilt sind?
a) $y_t = y_{t-1} + \varepsilon_t$ .... ○
b) $y_t = 2 + 5t + \varepsilon_t$ .... ○
c) $y_t = 1.5 + 0.8 y_{t-1} + \varepsilon_t$ .... ○
d) $y_t = 0.2 + 0.3 y_{t-1} + 0.4t + \varepsilon_t$ .... ○

1.12.2. Wahr oder Falsch
Der Prozess $y_t = \alpha + y_{t-1} + \varepsilon_t$ besitzt einen Erwartungswert $E(Y_t) = \alpha + t Y_0$ und eine Varianz $Var(y_t) = \sigma t^2$. Somit handelt es sich um einen nichtstationären Prozess.
a) Wahr .... ○
b) Falsch .... ○

1.12.3. Wahr oder Falsch
In einem ökonometrischen Fehlerkorrekturmodell wird vorausgesetzt, dass die kurzfristige Anpassung weniger stark ausfällt als die Anpassung im langfristigen Zusammenhang.
a) Wahr .... ○
b) Falsch .... ○

1.12.4. Multiple Choice
Welcher der folgenden Tests ist ein Verfahren zur Überprüfung der Nullhypothese der Nichtstationarität einer Zeitreihe?
a) Dickey-Fuller-Test .... ○
b) White-Test .... ○
c) KPSS-Test .... ○
d) Durbin-Watson-Test .... ○

1.12.5. Ergänzung

a) Eine Zeitreihe, deren Erwartungswert, Varianz und (Auto-)Kovarianz zeitinvariat sind, nennt man _____.

b) Lässt sich die Dynamik einer Zeitreihe nicht durch einen $AR(1)$-Prozess abbilden, sondern durch einen $AR(p)$-Prozess ($p > 1$) beschreiben, bietet sich der _____-Test zur Überprüfung der Nullhypothese der Nichtstationarität an.

c) Liegt eine langfristige Gleichgewichtsbeziehung zwischen mindestens zwei Zeitreihen vor, sodass sich die nichtstationären Anteile ihrer Trends neutralisieren, spricht man von einer _____.

1.12.6. Multiple Choice

Ein Verfahren, das zur Überprüfung der Kointegration zweier Zeitreihen angewendet wird, ist ...

a) ... das Engle-Granger-Verfahren .... ○
b) ... der White-Test .... ○
c) ... der Jarque-Bera-Test .... ○
d) ... die Box-Jenkins-Methode .... ○

1.12.7. Ergänzung

a) Sind $I(1)$ Variablen kointegriert, kann ein _____ geschätzt werden, um sowohl dynamische Anpassungsprozesse als auch die Parameter der Langfristbeziehung zu schätzen.

b) Dem Granger-_____ zu Folge gibt es zu jeder Kointegrationsbeziehung ein zugehöriges Fehlerkorrekturmodell.

c) Liegt zwischen zwei Zeitreihen kein Kausalzusammenhang vor, bezeichnet man eine Korrelation zwischen diesen beiden Größen als _____.

1.12.8. Wahr oder Falsch

Eine Regression nichtstationärer Niveauvariablen ist genau dann sinnvoll, wenn sich die nichtstationären Anteile ihres Trends gegenseitig aufheben. Somit können künftige Niveaus der Prozesse langfristig auseinander driften.

a) Wahr .... ○
b) Falsch .... ○

1.13 Diagnose und Prognose

1.13.1. Multiple Choice
Kein sinnvolles Maß für die Prognosegüte eines Modells ist ...
   a) ... die Wurzeln aus der durchschnittlichen quadratischen Abweichung von Prognose und Realisierung. .... ○
   b) ... die durchschnittliche absolute Abweichung von Prognose und Realisierung. .... ○
   c) ... die Wurzel aus der Summe der Produkte von Prognose und Realisierung geteilt durch die Anzahl der betrachteten Prognosen. .... ○
   d) ... der Anteil der Prognosen mit gleichem Vorzeichen wie die Realisierung. .... ○

1.13.2. Multiple Choice
Welcher Test oder welches Verfahren erlaubt **keinen** Vergleich von Prognosemodellen?
   a) Chow-Test .... ○
   b) Diebold-Mariano-Test .... ○
   c) Mittlerer absoluter Prognosefehler .... ○
   d) Theils U .... ○

1.13.3. Wahr oder Falsch
Mit Hilfe des linearen Regressionsmodells $y_t = \alpha + \beta y_t^p + \varepsilon_t$, wobei y_t die tatsächliche Realisierung und y_t^p die Prognose für den Zeitpunkt t darstellen, lässt sich überprüfen, ob die Prognose im Mittel keine Verzerrung und dieselbe Variation aufweist. Dabei deuten $\alpha < 0$ auf eine Unterschätzung und $\alpha > 0$ auf eine Überschätzung der tatsächlichen Werte hin.
   a) Wahr .... ○
   b) Falsch .... ○

1.13.4. Ergänzung
   a) Die Kennzahl der Prognosegüte, die den Prognosefehler eines Modells relativ zum Prognosefehler einer Benchmarkprognose ausdrückt, heißt _____.
   b) Um eine Prognosemodellselektion durchführen zu können, wird der Zeitraum, für den Daten zur Verfügung stehen, in eine Schätz- und _____ periode aufgeteilt.
   c) Die Verwendung des _____ -Tests bietet sich an, wenn man die Prognosegüte zweier Modelle auf signifikante Unterschiede hin untersuchen möchte.

1.13.5. Multiple Choice

Zur Evaluation eines Prognosemodells wird Theils U des Modells relativ zu einem „naiven" Modell berechnet. Falls das Prognosemodell bessere Resultate als das „naive" Modell liefert, ist Theils U ...

a) ... kleiner als null. ○

b) ... größer als null und kleiner als eins. ○

c) ... größer als eins. ○

d) ... kleiner als $-1,96$ oder größer als $1,96$. ○

1.13.6. Wahr oder Falsch

Der mittlere Prognosefehler sollte idealerweise den Wert Null aufweisen. In diesem Fall kann man davon ausgehen, dass keine systematische Verzerrung der Prognosen vorliegt.

a) Wahr ○

b) Falsch ○

1.13.7. Multiple Choice

Zur Bewertung der Qualität einer Prognose werden unterschiedliche Kennzahlen eingesetzt. Welche der folgenden Aussagen über derartige Kennzahlen ist **nicht** zutreffend?

a) Ein Wert von Theils U auf Basis des Root Mean Squared Errors (RMSE) des betrachteten Modells im Verhältnis zum RMSE eines Vergleichsmodells von größer als 2 deutet auf eine vergleichsweise gute Prognose hin. ○

b) Der mittlere Prognosefehler (ME) sollte bei einer guten Prognose nahe null sein. Allerdings bedeutet ein mittlerer Prognosefehler von Null nicht automatisch, dass es sich um eine gute Prognose handelt. ○

c) Beim mittleren absoluten Prognosefehler (MAE) spielt die Verteilung der Prognosefehler über mehrere Perioden keine Rolle, während beim Root Mean Squared Error (RMSE) wenige große Fehler zu einem höheren Wert führen als viele kleine Fehler, die betragsmäßig in der Summe gleich groß ausfallen. ○

d) Es gibt Anwendungen, z.B. bei der Prognose konjunktureller Wendepunkte, für die es vor allem auf die korrekte Prognose der Richtung der Veränderung ankommt. ○

2
Übungs- und Klausuraufgaben

2.1 Aufgabe und Prinzip der empirischen Wirtschaftsforschung

2.1.1. Welche Schritte umfasst eine empirische Analyse typischerweise?

2.1.2. Nennen Sie einige Aufgaben/Ziele der empirischen Wirtschaftsforschung.

2.1.3. Mit Methoden der empirischen Wirtschaftsforschung kann untersucht werden, wie die Ungleichheit der Einkommensverteilung auf das Wirtschaftswachstum wirkt. Erläutern Sie, warum dies nicht ausreichend ist, um eine optimale Höhe der Ungleichheit zu bestimmen.

2.2 Datenbasis der empirischen Wirtschaftsforschung

2.2.1. Im Herbst 2020 stiegen die Zahlen der positiven Tests auf das neuartige Corona-Virus rapide an. Das Robert Koch-Institut (RKI) RKI warnte aufgrund dieser Entwicklung vor einer prekären Lage an Weihnachten 2020. Am 1.10.2020 gab es 2 503 neu registrierte Infektionen. Am 7.11.2020 betrug die Zahl der neu registrierten Infektionen 23 399.

    a) Verwenden Sie ein einfaches lineares Trendmodell, um auf Basis dieser Beobachtungen die Zahl der Neuinfektionen an Heilig Abend 2020 (24.12.20) und Ostern 2021 (04.04.21) vorherzusagen.
Hinweis: Für die Berechnung des linearen Trends ist vor allem der Anstieg der Werte pro Tag wichtig, den Sie z.B. erhalten, in dem Sie die Veränderung der Neuinfektionszahlen durch die Anzahl der dazwischen liegenden Tage teilen.

    b) Wie verändern sich die Prognosen, wenn Sie ein exponentielles Trendmodell unterstellen?
Hinweis: Die Berechnung eines exponentiellen Trends ist äquivalent zur Berechnung eines linearen Trends für die natürlichen Logarithmen.

    c) Welche Risiken der statistischen Extrapolation werden an diesem Beispiel deutlich?

2.2.2. Erläutern Sie am Beispiel

- der realen Exporte
- der ausländischen Direktinvestitionen in Deutschland
- der Arbeitslosenquote
- der Nominalzinsen

die einzelnen Schritte, um ausgehend von den zu beschreibenden realen Phänomenen zur Gewinnung konkreter Daten zu gelangen. Welche Schwierigkeiten treten jeweils in der Operationalisierung beziehungsweise bei der Messung auf?

2.2.3. Der Datenqualität kommt eine entscheidende Bedeutung bei der praktischen Umsetzung von Fragestellungen in der empirischen Wirtschaftsforschung zu. Erläutern Sie in diesem Zusammenhang drei Eigenschaften, die Daten aufweisen sollten.

2.2.4. Im Zusammenhang mit der Zulassung zu bestimmten Studiengängen wird oft diskutiert, dass auch die kognitive Intelligenz der Bewerberinnen und Bewerber berücksichtigt werden sollte. Bei der kognitiven Intelligenz handelt es sich jedoch um ein komplexes psychologisches Konzept, für das es kein einfaches einheitliches und allgemein anerkanntes Verfahren gibt. Um dennoch zumindest eine Approximation des kognitiven Intelligenz im Auswahlverfah-

2.2 Datenbasis der empirischen Wirtschaftsforschung   45

ren berücksichtigen zu können, werden die folgenden drei Messverfahren vorgeschlagen:

a) Ein persönliches Gespräch mit einem Mitglied der Auswahlkommission.

b) Beantwortung einer zufällig ausgewählten Fragen aus einer Quizshow (z.B. "Wer wird Millionär?").

c) Ein standardisierter IQ-Test, der am Laptop durchgeführt werden kann.

Beurteilen Sie die drei Messverfahren jeweils im Hinblick auf die Kriterien Objektivität, Reliabilität und Validität.

2.2.5. Warum ist es schwer einen konkrete Aussage über die Qualität von Daten zu machen, beispielsweise in Form eine Qualitätsindex oder eines Ratings?

2.3 Datenaufbereitung

2.3.1. Ein Standardvorgehen zur Berechnung der Entwicklung von Konsumentenpreisen besteht darin, die Preise der Güter und Dienstleistungen in einem so genannten „Warenkorb" zu verschiedenen Zeitpunkten zu beobachten, um daraus einen gewichteten Preisindex zu berechnen. Dessen Veränderung über die Zeit hinweg wird dann als Inflationsrate für die Konsumentenpreise interpretiert.

   a) Welche Annahme über die Gewichtung der Güter und Dienstleistungen im Warenkorb liegt dem Preisindex nach Laspeyres zugrunde? Was ist für diesen Preisindex unter dem Begriff „Warenkorbeffekt" zu verstehen?

   b) Erläutern Sie das Problem für die Messung der Entwicklung der Konsumentenpreise, das sich daraus ergibt, dass insbesondere bei technischen Gütern eine Beobachtung der Preise desselben Gutes über längere Zeiträume kaum möglich ist. Beschreiben Sie anschaulich (eine formale Darstellung wird nicht erwartet), wie dieses Problem durch so genannte „hedonische Preisindizes" adressiert wird.

   c) Führt die Messung der Konsumentenpreisinflation mit hedonischen Preisindizes für den Bereich Computer eher zu höheren oder geringeren Inflationsraten? Begründen Sie Ihre Aussage kurz. Beschreiben Sie eine Situation/eine Anwendung, in der diese Form der Inflationsmessung nicht valide ist.

2.3.2. Indiziert man die Verbraucherpreise privater Haushalte in Deutschland auf Basis 2015=100, so erhält man die in Tabelle 2.1 ausgewiesenen Werte für 2010 – 2020.

Tabelle 2.1. Verbraucherpreisindex

Jahr	2010	2011	2012	2013	2014	2015	2016	2017	2018	2019	2020
$P^{VPI}_{2015=100}$	93,2	95,2	97,1	98,5	99,5	100,0	100,5	102,0	103,8	105,3	105,8

Quelle: Statistisches Bundesamt; GENESIS-Online; Tabelle: 61111-0001

   a) Nehmen Sie eine Umbasierung auf die Basis 2010=100 vor.

   b) Überprüfen Sie mit den soeben berechneten Werten die Gültigkeit des folgenden Zusammenhangs:

   $$P^{VPI}_{2015=100}(t) = \frac{P^{VPI}_{2010=100}(t) \cdot P^{VPI}_{2015=100}(2010)}{100}$$

   c) Berechnen Sie die jährliche Inflationsrate der Verbraucherpreise.

2.3.3. Tabelle 2.2 können Sie folgende Indexwerte entnehmen:

- **Früheres Bundesgebiet**: Lohnstückkosten (Stundenbasis) 1981–1991.
- **Deutschland**: Lohnstückkosten (Stundenbasis) 1991–2001.

Verketten Sie die Indexreihen miteinander, indem Sie diese jeweils umbasieren auf 1991=100.

Tabelle 2.2. Indizes der Lohnstückkosten

Jahr	$I^{BRD}_{1981=100}$	Jahr	$I^{D}_{2015=100}$	Jahr	$I^{D}_{2015=100}$	Jahr	$I^{D}_{2015=100}$
1981	100,0	1991	73,8	2001	86,0	2011	91,7
1982	104,1	1992	78,8	2002	86,7	2012	94,7
1983	104,9	1993	82,2	2003	87,9	2013	96,8
1984	105,9	1994	82,8	2004	87,4	2014	98,0
1985	107,6	1995	84,8	2005	87,0	2015	100,0
1986	110,3	1996	85,1	2006	84,9	2016	101,1
1987	113,4	1997	84,3	2007	84,6	2017	102,3
1988	113,7	1998	84,4	2008	86,9	2018	105,1
1989	114,5	1999	85,3	2009	93,0	2019	108,5
1990	117,1	2000	86,1	2010	91,5	2020	113,0
1991	121,4						

Quelle: Sachverständigenrat und Statistisches Bundesamt; Datenbank GENESIS-Online; Tabelle: 81000-0017

2.3.4. Die Entwicklung der tariflichen Stundenverdienste (mit Sonderzahlungen) für die Gesamtwirtschaft kann durch den Index $I^{L}_{2015=100}$ wie in Tabelle 2.3 dargestellt beschrieben werden:

Tabelle 2.3. Index der tariflichen Stundenverdienste (mit Sonderzahlungen)

Jahr	2010	2011	2012	2013	2014	2015	2016	2017	2018	2019	2020
$I^{L}_{2015=100}$	88,8	90,3	92,7	94,9	97,9	100,0	102,1	104,7	107,7	111,1	113,4

Quelle: Statistisches Bundesamt; GENESIS-Online; Tabelle: 62221-0001

Berechnen Sie die Jahreswachstumsraten der Stundenlöhne und vergleichen Sie Ihr Ergebnis mit der in Aufgabe 2.3.2. c) zu berechnenden Wachstumsrate.

48　Kapitel 2. Übungs- und Klausuraufgaben

2.4 Wirtschaftsindikatoren

2.4.1. Stichwort „Preisniveaustabilität": Instinktiv mag es plausibel erscheinen, das Ziel der Preisniveaustabilität als einen Zustand zu definieren, in welchem eine Volkswirtschaft keine makroökonomische Preisniveaudynamik aufweist (Inflationsrate $\pi = 0$). Diese Definition entspricht jedoch nicht der wirtschaftspolitischen Praxis.

    a) Erläutern Sie, warum Währungsbehörden wie zum Beispiel die Europäische Zentralbank (EZB) stattdessen eine geringe positive Inflationsrate als tolerabel ansehen. Geben Sie dabei konkret an, welcher Wertebereich nach Meinung der EZB als tolerabel angenommen werden kann.

    b) Wie wird Inflation grundsätzlich gemessen? Schildern Sie verbal oder formal die grundsätzliche Struktur eines makroökonomischen Preisindex.

    c) Erläutern Sie zusätzlich den Warenkorbeffekt und hieraus resultierende Probleme bei der Messung der Inflationsrate.

2.4.2. Stichwort „Beschäftigungsgrad":

    a) Wie misst die Bundesagentur für Arbeit die amtliche Arbeitslosenquote?

    b) Wodurch unterscheidet sich eine Arbeitslosenquote von einem Anspannungsindex?

    c) Welches der beiden zuvor genannten Konzepte scheint Ihnen besser geeignet, um Aussagen über die gesamtwirtschaftliche Situation am Arbeitsmarkt zu treffen?

2.4.3. In einer Online-Petition an den Deutschen Bundestag vom 22.5.2007 wurde beantragt:
„Der Deutsche Bundestag möge beschließen, dass das statistische Bundesamt die offizielle Zahl der Arbeitslosen in Deutschland veröffentlicht. Als Arbeitslosenzahl soll gelten: Die Summe aller im gesamten Berichtszeitraum arbeitslosen bzw. arbeitsuchenden Menschen, die Leistungsbezieher nach dem SGB III (ALG I), nach dem SGB II (ALG II), arbeitsuchend mit oder ohne Leistungsbezug sind oder sich in einer Arbeitsgelegenheit, einer Fortbildungs- oder sonstigen arbeitsmarktpolitischen Maßnahme befinden."
In der Begründung wird unter anderem ausgeführt:
„Um bei Bundestagswahlen zu entscheiden, welche Partei er wählt, braucht der Bürger verlässliche Informationen über die Erfolge bzw. Nicht-Erfolge der an der Regierung beteiligten Parteien. Für eine große Mehrheit der Bürger ist es von herausragender Bedeutung, inwieweit die Regierung das Problem der Massenarbeitslosigkeit meistert. [...] Beispielsweise werden Personen, die an Maßnahmen teilnehmen und per Gesetz dazu verpflichtet sind, beim Angebot eines Arbeitsplatzes auf dem ersten Arbeitsmarkt die Maßnahme

unverzüglich abzubrechen, dennoch in der derzeitigen Statistik nicht als Arbeitslose geführt."

a) Im Hinblick auf welchen Einsatzzweck der Arbeitslosenquote werden von der Antragstellerin die von der Bundesagentur für Arbeit veröffentlichten Zahlen zur Anzahl der Arbeitslosen als konzeptionell nicht geeignet bzw. nur von eingeschränkter Validität eingeschätzt?

b) Teilen Sie diese Einschätzung der Antragstellerin? Bitte begründen Sie Ihre Aussage kurz.

c) Würde die nach dem Vorschlag der Antragstellerin berechnete Anzahl der Arbeitslosen eher höher oder eher niedriger ausfallen als die Zahlen der Bundesagentur für Arbeit? Bitte begründen Sie Ihre Aussage kurz.

2.4.4. Stichwort „Außenwirtschaftliches Gleichgewicht":

a) Dienstleistungs-, Handels-, Leistungs- und Kapitalbilanz repräsentieren Begriffe, welche regelmäßig in den Wirtschaftsnachrichten auftauchen.

  i. Skizzieren Sie kurz, in welcher Beziehung diese Unterbilanzen der Zahlungsbilanz jeweils zueinander stehen.

  ii. Bezogen auf die Bundesrepublik Deutschland: Welche Vorzeichen erwarten Sie auf Basis Ihrer empirischen Grundkenntnisse für die jeweiligen Salden dieser Unterbilanzen im Jahr 2017?

  iii. Welcher Saldo scheint Ihnen persönlich als Indikator der außenwirtschaftlichen Situation geeignet? Begründen Sie Ihre Aussage.

b) Trotz der Popularität der Zahlungsbilanz lassen sich natürlich auch noch andere Indikatoren zur Abbildung der außenwirtschaftlichen Situation heranziehen. Nennen Sie einen Ihnen geeignet erscheinenden weiteren Indikator und erläutern Sie diesen.

2.4.5. Stichwort „Konjunkturindikatoren":

a) Welcher der nachfolgend vorgeschlagenen Indikatoren scheint Ihnen grundsätzlich geeignet zur Bestimmung der aktuellen konjunkturellen Situation? Begründen Sie Ihre Wahl.
- Offizielle Arbeitslosenquote
- Aktienindizes
- Produktionsindex des produzierenden Gewerbes
- Index der Auftragseingänge

b) Welche Überlegungen sprechen Ihrer Meinung nach gegen eine Verwendung der übrigen vorgeschlagenen Indikatoren?

50 Kapitel 2. Übungs- und Klausuraufgaben

c) Erläutern Sie die Notwendigkeit zur Verwendung von Indikatoren in der Konjunkturanalyse. Welchen Anforderungen sollte demnach ein geeigneter Indikator genügen?

2.4.6. Die folgende Abbildung ist einem Beitrag im Informationsdienst des Instituts der deutschen Wirtschaft Köln entnommen.

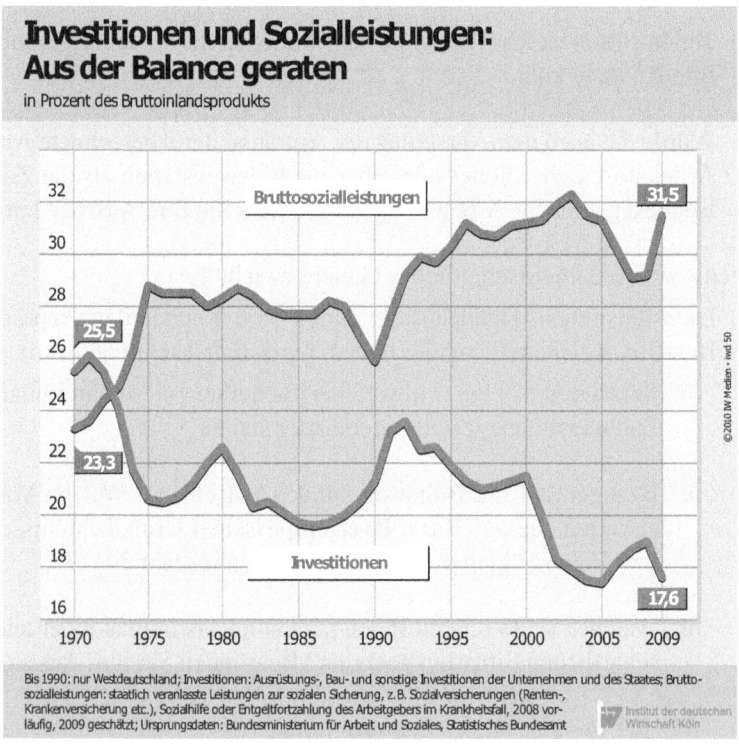

Abb. 2.1. Investitionen und Sozialleistungen, Quelle: iwd 50/2010 S.1

a) Erläutern Sie, wodurch sich die beiden dargestellten Quoten konzeptionell unterscheiden.

b) Kann man damit die durch die Grafik suggerierte Aussage, dass eine höher ausfallende Quote der Bruttosozialleistungen (im vgl. zur Investitionsquote) grundsätzlich problematisch ist, alleine auf Basis der empirischen Befunde unterstützen? Erläutern Sie Ihre Aussage.

2.4.7. Abbildung 2.2 ist dem Jahresgutachten 2018/19 des Sachverständigenrats zur Begutachtung der wirtschaftlichen Entwicklung entnommen (https://www.sachverstaendigenrat-wirtschaft.de/fileadmin/dateiablage/gutachten/jg201819/JG2018-19_gesamt.pdf).

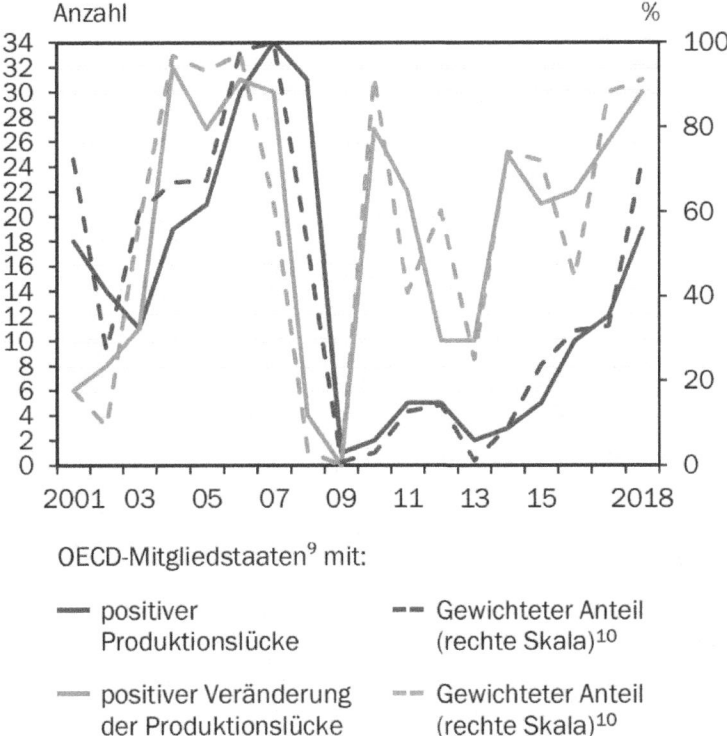

Abb. 2.2. Entwicklung der Produktionslücken in den OECD-Mitgliedstaaten, Quelle: SVR 2018/19, S. 98

Die Reihen zeigen jeweils die Anzahl beziehungsweise den mit dem BIP gewichteten Anteil der OECD-Länder mit positiver Produktionslücke (blau) und die entsprechenden Zahlen zu den Veränderungen (orange). Die Produktionslücke ist hierbei definiert als relative Abweichung des BIP vom Produktionspotenzial.

a) Erläutern Sie zunächst allgemein, worauf eine positive Produktionslücke im Hinblick auf die konjunkturelle Situation eines Landes hindeutet.

b) Wie kann konkret die Entwicklung der Anzahl der positiven Produktionslücken ab dem Jahr 2009 interpretiert werden? Für welche konjunkturelle Phase spricht diese?

2.4.8. Abbildung 2.3 ist dem EZB Report on financial structures entnommen (https://www.ecb.europa.eu/pub/pdf/other/reportonfinancialstructures201610.en.pdf, S. 30) und bezieht sich auf den Bankensektor der Europäischen Union (EU) beziehungsweise der Eurozone (EA).

52 Kapitel 2. Übungs- und Klausuraufgaben

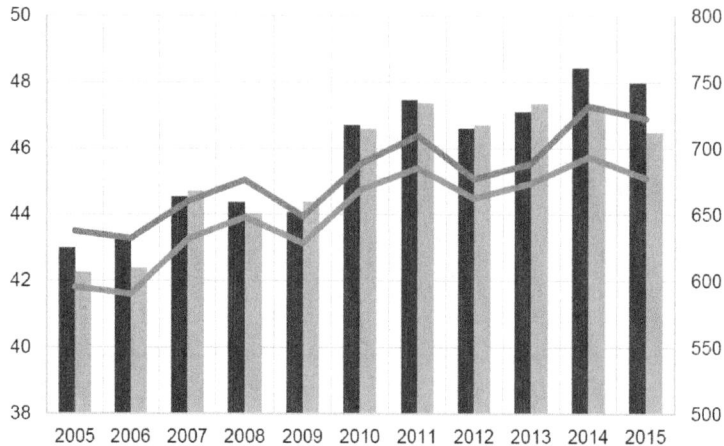

Abb. 2.3. Marktkonzentration im europäischen Bankensystem, Quelle: EZB 2016, S. 30

a) Welche der ausgewiesenen Größen steht für die Konzentrationsrate CR_5 in der Eurozone?

b) Ist nach diesem Maß die Konzentration im Bankensektor in der Eurozone zwischen 2005 und 2015 gestiegen?

c) Erläutern Sie die Idee des Herfindahl Index? Entspricht dessen Anstieg von 2005 bis 2015 einer Zu- oder einer Abnahme der Konzentration im Bankensektor?

2.4.9. Abbildung 2.4 ist dem EZB Report on financial structures entnommen (https://www.ecb.europa.eu/pub/pdf/other/reportonfinancialstructures201610.en.pdf, S. 30) und bezieht sich auf den Bankensektor der Europäischen Union (EU) beziehungsweise der Eurozone (EA).

a) Beschreiben Sie das Konzept der Konzentrationsrate CR_5 beispielhaft für den Bankensektor, wobei das Bankvermögen als relevante Variable benutzt wird.

b) Wie hat sich die Konzentrationsrate CR_5 der Kreditinstitute aus Belgien (BE) und Deutschland (DE) zwischen 2008 und 2015 im Vergleich entwickelt?

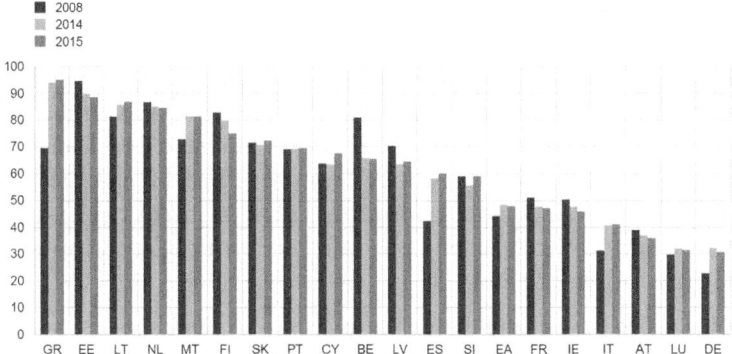

Abb. 2.4. Marktkonzentration im europäischen Bankensystem, Quelle: EZB 2016, S. 30

2.5 Input-Output-Analyse

2.5.1. Auf der folgenden Seite finden Sie eine Input-Output-Tabelle (Abbildung 2.5) für drei Sektoren der deutschen Volkswirtschaft für das Jahr 2017 (Revision 2019), die vom Statistischen Bundesamt zur Verfügung gestellt wird (https://www.destatis.de/DE/Themen/Wirtschaft/Volkswirtschaftliche-Gesamtrechnungen-Inlandsprodukt/Tabellen/innlandsprodukt-input-ouptrechnung.html).

a) Erläutern Sie anhand dieses Beispiels die wesentliche Idee sowie die allgemeine Struktur einer IO-Tabelle. Gehen Sie dabei insbesondere auf die folgenden Aspekte ein:
- Das Verhältnis von IO-Tabellen zu den Definitionsgleichungen der volkswirtschaftlichen Gesamtrechnung.
- Den schematischen Aufbau der jeweiligen Quadranten.

b) Zeigen Sie formal, dass sich die Produktionswerte sämtlicher Sektoren (**X**) als Funktion der Komponenten der Endnachfrage (**Y**) darstellen lassen.

c) Die (gerundete) Matrix der Inputkoeffizienten hat im betrachteten Beispiel folgendes Aussehen (gerundet auf zwei Nachkommastellen):

$$\mathbf{A} = \begin{pmatrix} 0,10 & 0,01 & 0,00 \\ 0,12 & 0,33 & 0,07 \\ 0,15 & 0,14 & 0,31 \end{pmatrix}.$$

- Welche grundlegende Annahme kennzeichnet im Leontief-Modell die Matrix **A**?
- Diskutieren Sie diese Annahme ökonomisch: Wie lässt sich dieses Annahme begründen, weshalb lässt sie sich auch kritisieren?
- Berechnen Sie die zu **A** gehörige Leontief-Inverse (wiederum gerundet auf zwei Stellen hinter dem Komma).

d) Ein fiktives Beispiel zum Thema "Strukturwandel":
Angenommen, die Gesamtproduktion von Gütern des primären Bereichs solle um -1,0 Mrd. Euro gesenkt, dafür aber jene des tertiären Bereichs um +1,0 Mrd. Euro gesteigert werden, während gleichzeitig die Gesamtproduktion von Gütern des sekundären Bereichs unverändert bleibe, d.h.: $\Delta \mathbf{X} = \begin{pmatrix} -1 & 0 & 1 \end{pmatrix}'$. Welche Veränderungen des Endnachfragevektors wären notwendig, um den gewünschten Gesamteffekt zu induzieren?

e) Angenommen, die Endnachfrage nach Gütern des tertiären Bereichs würde autonom um 50 Mrd. Euro gesteigert (d.h. $\Delta \mathbf{Y}_3 = 50$): Wie würde sich hierdurch die Produktionsvolumina aller Sektoren **X** verändern?

2.5 Input-Output-Analyse   55

Aufkommen	Verwendung					
	Input der Produktionsbereiche				Letzte Verwendung von Gütern	Gesamte Verwendung von Gütern
	Primärer Bereich[1]	Sekundärer Bereich[2]	Tertiärer Bereich[3]	zusammen		
Primärer Bereich[1]	9,5	47,1	3,5	60,1	37,3	97,5
Sekundärer Bereich[2]	11,3	1 149,8	254,3	1 415,4	2 063,4	3 478,8
Tertiärer Bereich[3]	14,6	481,5	1 179,9	1 676,1	2 166,6	3 842,6
Vorleistungen der Produktionsbereiche beziehungsweise letzte Verwendung von Gütern	35,4	1 678,5	1 437,7	3 151,6	4 267,3	7 418,9
Gütersteuern abzüglich Gütersubventionen	1,5	13,0	62,0	76,4	246,8	323,2
Vorleistungen der Produktionsbereiche beziehungsweise letzte Verwendung von Gütern zu Anschaffungspreisen	36,9	1 691,4	1 499,7	3 228,0	4 514,1	7 742,1
Arbeitnehmerentgelt im Inland	7,3	461,6	1 224,3	1 693,2	X	X
Sonstige Produktionsabgaben abzüglich sonstige Subventionen	-5,3	-2,2	5,3	-2,3	X	X
Abschreibungen	10,6	128,6	442,1	581,3	X	X
Nettobetriebsüberschuss	13,3	200,2	451,0	664,4	X	X
Bruttowertschöpfung	25,8	788,2	2 122,7	2 936,7	X	X
Produktionswert	62,7	2 479,6	3 622,4	6 164,7	X	X
↳ darunter: Firmeninterne Lieferungen und Leistungen	6,1	143,4	-	149,6	X	X
Importe gleichartiger Güter zu cost, insurance, freight (cif)-Preisen	34,8	999,2	220,2	1 254,2	X	X
↳ darunter: Importe gleichartiger Güter aus EU-Ländern zu cost, insurance, freight (cif)-Preisen	21,5	570,2	126,2	717,8	X	X
Gesamtes Aufkommen an Gütern	97,5	3 478,8	3 842,6	7 418,9	X	X

1: Land- und Forstwirtschaft, Fischerei.
2: Produzierendes Gewerbe.
3: Private und öffentliche Dienstleistungen.
X = Tabellenfach gesperrt, weil Aussage nicht sinnvoll ist.
- = Nichts vorhanden.

Abb. 2.5. Input-Output-Tabelle 2017 (Revision 2019), Quelle: Statistisches Bundesamt

56   Kapitel 2. Übungs- und Klausuraufgaben

2.5.2. Benutzen Sie für die Beantwortung der folgenden Fragen die stark vereinfachte Input-Output-Tabelle in Tabelle 2.4.

Tabelle 2.4. Vereinfachte Input-Output-Tabelle

	Landwirtschaft	Industrie	Dienstleist.	Endverbrauch	Summe
Landwirtschaft	20	4	7	19	50
Industrie	11	40	12	37	100
Dienstleistungen	5	32	42	41	120
Arbeit	14	24	59		
Summe	50	100	120		

a) Interpretieren Sie die Vorleistungen $V_{1,1}$ und $V_{2,1}$, wobei $V_{i,j}$ für Vorleistungen steht, die der Sektor i dem Sektor j liefert. Nennen Sie jeweils auch ein relevantes Beispiel für Güter und Dienstleistungen, die zu den Vorleistungen gehören.

b) Berechnen und interpretieren Sie die Output-Koeffizienten $b_{1,1}$, $b_{1,2}$ und $b_{1,4}$, wobei die 4 für den Endverbrauch in der vierten Spalte der Input-Output-Tabelle steht.

c) Berechnen und interpretieren Sie die Inputkoeffizienten $a_{1,2}$, $a_{2,1}$ und $a_{4,1}$, wobei die 4 für den Faktor Arbeit in der vierten Zeile der Input-Output-Tabelle steht.

d) Stellen Sie die Matrix A dar, die zur Berechnung der Leontief-Inverse $(I-A)^{-1}$ benötigt wird. Sie müssen nicht jedes Element der Matrix berechnen. Es reicht zu verdeutlichen, welche Elemente die Matrix beinhaltet.

e) Welchen Effekt hätte ein Rückgang der Nachfrage nach Industriegütern um 10 Einheiten (z.B. aufgrund des Dieselskandals) auf die Produktion im Dienstleistungssektor? Erläutern Sie, wie gut die Input-Output-Analyse geeignet ist, um diese Frage zu beantworten.

2.6 Das ökonometrische Modell

2.6.1. Beschreiben Sie das Konzept eines ökonometrischen Modells und erläutern Sie an einem Beispiel Ihrer Wahl die Begriffe „abhängige Variable", „erklärende Variable", „funktionale Form" und „Fehlerterm".

2.6.2. Warum ist der Fehlerterm in einem ökonometrischen Modell von großer Bedeutung? Welche Eigenschaften des Modells können an ihm erkannt werden (bzw. auf Basis der geschätzten Residuen)?

2.7 Das lineare Regressionsmodell

2.7.1. Im anonymisierten Campus-File der Einkommenssteuerstatistik 2001[1] liegen u.a. Informationen über das Einkommen und die festgesetzte Einkommenssteuer vor. Auf dieser Basis wollen Sie für Steuerpflichtige in der Steuerklasse I mit Einkommen unter € 200.000 den Grenzsteuersatz (marginale Steuer) schätzen. Diskutieren Sie, warum dafür das zunächst naheliegend erscheinende Modell

$$\text{Steuer}_i = \beta_0 + \beta_1 \text{Einkommen}_i + \varepsilon_i$$

nur bedingt geeignet ist. Geben Sie trotzdem an, welcher Schätzer sich für den Grenzsteuersatz, auf Basis dieses Modells, ergeben würde. Welche alternative Spezifikation könnte man betrachten? Wie ließe sich dann der Grenzsteuersatz berechnen?

2.7.2. Diese Aufgabe basiert auf Übungsaufgabe 2.7 in Wooldridge (2008), „Introductory Econometrics – A Modern Approach", 5. Aufl., S. 63: In Ihrer Arbeit aus dem Jahr 1995 (Kiel und McClain, „The Effect of Incinerator Siting on Housing Apprection Rates", Journal of Urban Economics 37, 311–323) untersuchen die Autoren mit Hilfe von Daten zu Häuserverkäufen in Andover, Massachussetts im Jahr 1988 den Zusammenhang zwischen Häuserpreisen und der Entfernung zu einer neuen Müllverbrennungsanlage. Auf Basis von $N = 134$ Beobachtungen wurde folgender Zusammenhang geschätzt:

$$\widehat{lnP} = 9.40 + 0.321 lnD.$$

Hierbei bezeichnen:
lnP : Natürlicher Logarithmus des Hauspreises
lnD : Natürlicher Logarithmus der Distanz zur Müllverbrennungsanlage

a) Interpretieren Sie den Koeffizienten von lnD. Entspricht das Vorzeichen des geschätzten Koeffizienten Ihren Erwartungen?

b) Kann man Ihrer Meinung nach davon ausgehen, dass diese einfache Regressionsanalyse eine unverfälschte Schätzung der Elastizität von P in Bezug auf D liefert? Ziehen Sie dabei in Ihre Überlegungen mit ein, wie die Stadtverwaltung zu Ihrer Entscheidung über die Platzierung der Müllverbrennungsanlage kommen könnte.

c) Für die Schätzung wird ein R^2 von 0.162 ausgewiesen. Welche Aussage über den Zusammenhang ist damit möglich?

d) Welche anderen Faktoren könnten möglicherweise den Preis eines Hauses mit beeinflussen? Könnten diese Faktoren teilweise mit der Entfernung von der Müllverbrennungsanlage korrelieren?

---
[1] http://www.forschungsdatenzentrum.de/de/10-21242-73111-2001-00-00-5-1-0

2.7.3. Beschreiben Sie anschaulich (eine formale Darstellung ist nicht erforderlich), wie die Parameter eines ökonometrischen Modells mit Hilfe der Methode der kleinsten Quadrate bestimmt werden können. Welche Eigenschaften weist die Schätzung mit der KQ–Methode auf?

2.7.4. Nennen Sie drei Eigenschaften, die ein KQ-Schätzer aufweisen kann, und erläutern Sie, warum diese wünschenswert für empirische Analysen sind.

2.7.5. Welche Voraussetzungen müssen erfüllt sein, damit der KQ-Schätzer alle gewünschten Eigenschaften aufweist?

2.7.6. Zeigen Sie, dass aus der allgemeinen Berechnungsformel für den KQ-Schätzer $\hat{\beta} = (X'X)^{-1}X'y$ die folgende Lösung für den Spezialfall mit einer erklärenden Variablen x und einer Konstanten folgt:

$$\hat{\beta}_1 = \bar{y} - \hat{\beta}_2 \bar{x} \quad \text{und} \quad \hat{\beta}_2 = \frac{\overline{xy} - \bar{x}\bar{y}}{\overline{x^2} - \bar{x}^2}.$$

folgt.

2.7.7. Die folgende Abbildung zeigt das Ergebnis einer Kleinste-Quadrate-Schätzung mit EViews. Dabei bezeichnen:[2]

    KONSUM : Privater Verbrauch in Mrd. Euro in jeweiligen Preisen
    YVERF : Verfügbares Einkommen in Mrd. Euro in jeweiligen Preisen

```
Dependent Variable: KONSUM         Method: Least Squares
Sample: 1991:1 2020:4      Included observations: 120
-------------------------------------------------------
Variable   Coefficient  Std. Error   t-Statistic   Prob.
-------------------------------------------------------
C             2.048156    4.797358    0.426934    0.6702
YVERF         0.886359    0.012614   70.26688     0.0000
-------------------------------------------------------
R-squared              0.9767  Mean dependent var  333.24
Adjusted R-squared     0.9764  S.D. dependent var  63.805
-------------------------------------------------------
```

    a) Notieren Sie das geschätzte Regressionsmodell unter Verwendung der üblichen Symbolik.

    b) Interpretieren Sie den Koeffizienten für die Variable YVERF.

---

[2] In dieser Aufgabe werden saisonbereinigte Daten verwendet, um die Darstellung kompakt zu halten. Abstrahieren Sie bei der Beantwortung von dieser Eigenschaft.

c) Können Sie auf Basis der abgebildeten Schätzergebnisse die Nullhypothese verwerfen (zum 5%–Niveau), dass der Effekt dieser Variablen (YVERF) tatsächlich gleich eins ist?

d) Was misst die ebenfalls ausgewiesene Statistik R^2? Wie ist der angegebene Wert dieser Statistik einzuschätzen?

2.7.8. Die folgende Abbildung zeigt das Ergebnis einer Kleinste-Quadrate-Schätzung mit EViews. Dabei bezeichnen:

STEUER : Festgesetzte Einkommenssteuer in Euro im Jahr 2001
EINKOMMEN : Einkommen in Euro im Jahr 2001

```
Dependent Variable: STEUER         Method: Least Squares
Included observations: 89963
-----------------------------------------------------------
Variable      Coefficient   Std. Error   t-Statistic   Prob.
-----------------------------------------------------------
C             -1485.182     5.280610     -281.2520     0.0000
EINKOMMEN      0.230622     0.000307      750.9454     0.0000
EINKOMMEN^2    1.40E-06     3.24E-09      433.3426     0.0000
-----------------------------------------------------------
R-squared              0.9810   Mean dependent var  4210.319
Adjusted R-squared     0.9810   S.D. dependent var  5826.464
-----------------------------------------------------------
```

Es wurden nur die Beobachtungen mit Einkommen zwischen 0 und 200.000 Euro im Jahr 2001 einbezogen. Außerdem sind nur Steuerpflichtige mit Steuerklasse I berücksichtigt worden. Die Angabe 1.40E-06 steht für den Wert $1,4 \cdot 10^{-6}$. Analog steht 3.24E-09 für $3,24 \cdot 10^{-9}$.

a) Notieren Sie das geschätzte Regressionsmodell unter Verwendung der üblichen Symbolik.

b) Wie hoch ist die erwartete Einkommenssteuer für einen Steuerpflichtigen mit einem Einkommen von € 100.000 im Jahr 2001?

c) Interpretieren Sie den Koeffizienten für die Variable EINKOMMEN^2.

d) Können Sie auf Basis der abgebildeten Schätzergebnisse die Nullhypothese verwerfen (zum 5%–Niveau), dass der Effekt dieser Variablen (EINKOMMEN^2) tatsächlich gleich null ist? Welche inhaltliche Aussage ergibt sich aus dem Ergebnis?

e) Was misst die ebenfalls ausgewiesene Statistik R^2? Wie ist der angegebene Wert dieser Statistik einzuschätzen?

2.7.9. Die folgende Abbildung zeigt das Ergebnis einer Kleinste-Quadrate-Schätzung mit EViews für Schweizer Daten. Dabei bezeichnen:

M : Die logarithmierte Geldmenge (also $ln(M3)$)
P : Das logarithmierte Preisniveau (gemessen durch den BIP-Deflator)

```
Dependent Variable: M            Method: Least Squares
Sample: 1985Q1 2020Q4            Included observations: 144
-----------------------------------------------------------
Variable   Coefficient  Std. Error   t-Statistic    Prob.
-----------------------------------------------------------
C          -2.165750    0.739631     -2.928151     0.0040
P           3.405758    0.163546     20.82442      0.0000
-----------------------------------------------------------
R-squared            0.7533   Mean dependent var  13.23241
Adjusted R-squared   0.7516   S.D. dependent var   0.417004
-----------------------------------------------------------
```

a) Notieren Sie das geschätzte Regressionsmodell unter Verwendung der üblichen Symbolik.

b) Interpretieren sie den Koeffizienten für die Variable P. Was muss dabei für das vorliegende Regressionsmodell beachtet werden?

c) Ist die Konstante im Modell (C) auf einem Signifikanzniveau von 5% von 0 verschieden?

d) Muss die Nullhypothese, dass der Koeffizient für P von 3 verschieden ist, zum 5%-Niveau verworfen werden?

2.7.10. Sie beschäftigen sich mit der Frage, welchen Einfluss eine Aufstockung der Anzahl an Polizisten auf die Kriminalitätsrate hat. Hierzu liegen Ihnen Daten von 92 US-amerikanischen Bezirken vor. Sie schätzen damit das folgende Regressionsmodell:

$$CRMRTE_i = \beta_1 + \beta_2 POLPC_i + \varepsilon_i.$$

Dabei bezeichnen:

CRMRTE : Kriminalitätsrate (Anzahl Delikte pro 1 000 Einwohner)
POLPC : Anzahl Polizisten pro 1 000 Einwohner

Die folgende Abbildung zeigt das Ergebnis der Schätzung mit EViews.

```
Dependent Variable: CRMRTE           Method: Least Squares
Included observations: 92
-----------------------------------------------------------
Variable   Coefficient   Std. Error   t-Statistic    Prob.
-----------------------------------------------------------
C            61.79782    10.83483      5.703625    0.0000
POLPC        17.31683     4.634848     3.736223    0.0003
-----------------------------------------------------------
R-squared             0.1343  Mean dependent var 100.7908
Adjusted R-squared    0.1247  S.D. dependent var  29.84309
-----------------------------------------------------------
```

a) Interpretieren Sie die für C und POLPC ausgewiesenen Koeffizienten.

b) Welche Empfehlung würden Sie einem Politiker basierend auf dem Ergebnis geben?

c) Wie beurteilen Sie zusammenfassend die Ergebnisse der durchgeführten Regressionsanalyse?

2.8 Residuenanalyse und Überprüfung der Modellannahmen

2.8.1. Die folgende Abbildung zeigt das Ergebnis einer Kleinste-Quadrate-Schätzung mit EViews für eine Geldnachfragefunktion für Deutschland. Dabei bezeichnen:

    LOG(M3) : Natürlicher Logarithmus der Geldmenge M3
    LOG(BIP) : Natürlicher Logarithmus des BIP
    LOG(R)   : Natürlicher Logarithmus des Geldmarktzinssatzes

Die Variablen M3 und BIP wurden für den Zeitraum vor der Wiedervereinigung zurück gerechnet, sodass kein Strukturbruch in 1990.3 vorliegen sollte.

```
Dependent Variable: LOG(M3)      Method: Least Squares
Sample: 1972:1 1998:4        Included observations: 108
----------------------------------------------------------
Variable    Coefficient   Std. Error   t-Statistic   Prob.
----------------------------------------------------------
C            -0.288753     0.035055    -8.237251    0.0000
LOG(BIP)      1.189971     0.020915    56.89447     0.0000
LOG(R)       -0.017045     0.003037    -5.612655    0.0000
----------------------------------------------------------
R-squared              0.9795   Mean dependent var    1.9529
Adjusted R-squared     0.9791   S.D. dependent var    0.0419
S.E. of regression     0.0060   Akaike info criterion -7.351
Sum squared resid      0.0038   Schwarz criterion     -7.276
Log likelihood       399.9477   F-statistic         2509.494
Durbin-Watson stat     1.3701   Prob(F-statistic)     0.0000
----------------------------------------------------------
```

a) Notieren Sie das geschätzte Regressionsmodell unter Verwendung der üblichen Symbolik.

b) Interpretieren Sie den Koeffizienten für die Variable LOG(GNP). Entspricht der Wert dieser Variable Ihren Erwartungen?

c) Was misst die ebenfalls ausgewiesene Durbin-Watson-Statistik? Wie ist der angegebene Wert dieser Statistik einzuschätzen?

d) Welcher Grund könnte die Autoren bewegt haben, die Analyse auf den Zeitraum bis Ende 1998 zu begrenzen?

2.8.2. Für verschiedene Tests (z.B. t–Test und F–Test) wird vorausgesetzt, dass die tatsächlichen Störgrößen unabhängige Realisierungen einer Normalverteilung mit Erwartungswert null und konstanter Varianz sind.

   a) Erläutern Sie mögliche Konsequenzen für die Interpretation eines Schätzergebnisses, wenn diese Bedingungen nicht erfüllt sind.

   b) Beschreiben Sie ein Verfahren, um zu überprüfen, ob die Annahme der Normalverteilung erfüllt ist.

   c) Beschreiben Sie ein Verfahren, um zu überprüfen, ob die Annahme der konstanten Varianz erfüllt ist.

   d) Beschreiben Sie ein Verfahren, um zu überprüfen, ob die Annahme der Unabhängigkeit erfüllt ist.

   e) Welche Ursachen können verantwortlich sein für eine Abhängigkeit der Störgrößen über die Zeit hinweg? Benennen Sie mindestens zwei mögliche Ursachen und erläutern Sie, wie daraus Autokorrelation resultieren kann.

2.8.3. Für die in Aufgabe 2.7.8 dargestellte Schätzung wurden weitere Teststatistiken berechnet.

   a) Zunächst wurde ein Wert für die Durbin-Watson-Statistik von 1,73 ausgewiesen. Welche Eigenschaft der Störgrößen wird mit dieser Teststatistik überprüft? Macht die Anwendung im vorliegenden Fall Sinn? Welche Schlussfolgerung lässt die Teststatistik zu?

   b) Als nächstes wurde die Jarque-Bera-Statistik für die Residuen berechnet. Der Wert beträgt $2,82 \cdot 10^9$. Welche Schlussfolgerung erlaubt dieses Resultat?

   c) Schließlich wurde noch ein weiterer Test durchgeführt. Die folgende Abbildung zeigt die dafür geschätzte Hilfsgleichung. Um welchen Test handelt es sich? Wie lautet die Nullhypothese? Welche der ausgewiesenen Informationen stellt die Teststatistik dar? Muss die Nullhypothese verworfen werden?

2.8 Residuenanalyse und Überprüfung der Modellannahmen

```
Test Equation:
Dependent Variable: RESID^2      Method: Least Squares
Included observations: 89963
----------------------------------------------------------
Variable      Coefficient   Std. Error   t-Statistic   Prob.
----------------------------------------------------------
C                3614573.     164347.2     21.99352    0.0000
EINKOMMEN       -675.7331     20.51527    -32.93806    0.0000
EINKOMMEN^2      0.029661     0.000720     41.17570    0.0000
EINKOMMEN*(EINKOMMEN^2)
                -3.99E-07     8.20E-09    -48.60715    0.0000
(EINKOMMEN^2)^2
                 1.62E-12     2.76E-14     58.57315    0.0000
----------------------------------------------------------
R-squared              0.1262  Mean dependent var    644902
Adjusted R-squared     0.1262  S.D. dependent var    190152
S.E. of regression     177753  Akaike info criter.   36.225
Sum squared resid     2.8E+19  Schwarz criterion     36.225
Log likelihood       -1629431  Hannan-Quinn criter.  36.225
F-statistic           3247.95  Durbin-Watson stat    0.2683
----------------------------------------------------------
```

2.8.4. Die folgende Abbildung zeigt das Ergebnis einer Regressionsanalyse auf Basis von Daten des World Happiness Report 2021 (https://worldhappiness.report/). Der World Happiness Report ist ein seit 2012 erscheinender Bericht über den Stand des weltweiten Glücks und erlaubt einen Vergleich von Ländern nach ihrem Glücksniveau. Die Glückswerte und Ranglisten basieren auf Daten der Gallup World Poll. Die Werte des HAPPINESS SCORE basieren auf Antworten auf die Frage "Wie würden Sie Ihr Glück auf einer Skala von 0 bis 10 bewerten, wobei 10 das höchste Glück bedeutet?".

Die vorliegende Regression basiert auf einer Querschnittsanalyse für das Jahr 2019. Ziel der Regression ist es herauszufinden, inwieweit die sechs Faktoren – wirtschaftliche Produktion gemessen als Logarithmus des Pro-Kopf-BIPs (LOG GDP), soziale Unterstützung (SOCIAL_SUPPORT), gesunde Lebenserwartung bei Geburt (LIFE EXPECTANCY), Freiheit der Lebensgestaltung (FREEDOM), Korruptionswahrnehmung (CORRUPTION) und Großzügigkeit (GENEROSITY) – dazu beitragen, den Glücksindex zu erklären.

```
Test Equation:
Dependent Variable: RESID^2          Method: Least Squares
Included observations: 89963
---------------------------------------------------------------
Dependent Variable: HAPPINESS SCORE
Included observations: 126           Method: Least Squares
---------------------------------------------------------------
Variable          Coefficient   Std. Error   t-Statistic   Prob.
---------------------------------------------------------------
C                  -2.2396       0.7444      -3.0084       0.0032
LOG GDP             0.1253       0.1080       1.1609       0.2480
SOCIAL_SUPPORT      3.1616       0.7125       4.4370       0.0000
LIFE EXPECTANCY     0.0506       0.0157       3.2122       0.0017
FREEDOM             1.6440       0.5539       2.9679       0.0036
CORRUPTION         -0.7261       0.3358      -2.1621       0.0326
GENEROSITY          0.3755       0.3812       0.9851       0.3266
---------------------------------------------------------------
R-squared           0.741424   Mean dependent var   5.55939
F-statistic        56.86867   Durbin-Watson stat    1.62799
Prob(F-statistic)   0.000000
---------------------------------------------------------------
```

a) Interpretieren Sie bitte die Koeffizienten für GDP und LIFE EXPECTANCY.

b) Bitte interpretieren Sie die Durbin-Watson-Statistik.

c) Die folgende Graphik zeigt ein Streudiagramm für SOCIAL_SUPPORT und Residuen (RESID) der obigen Regression. Welche Schlussfolgerungen lassen sich hieraus ziehen?

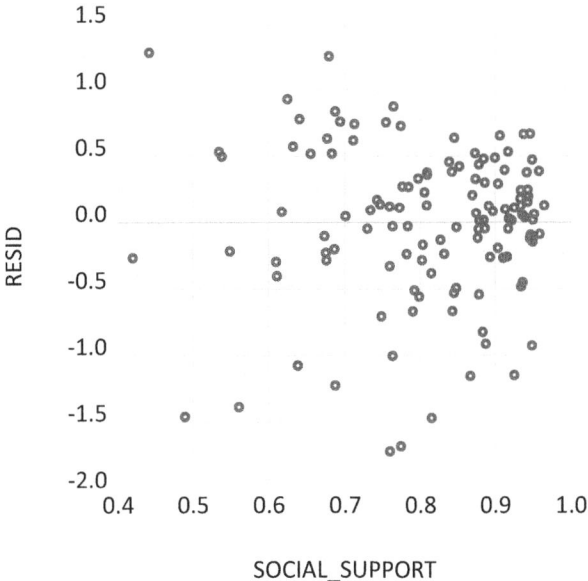

d) Nachfolgend wurde noch ein White-Test durchgeführt. Bitte interpretieren Sie das Ergebnis des Tests. Welche Konsequenzen würden Sie aus diesem Testergebnis ziehen?

```
-----------------------------------------------------------
Heteroskedasticity Test: White
Null hypothesis: Homoskedasticity
-----------------------------------------------------------
F-statistic              3.123  Prob. F(6,119)      0.0071
Obs*R-squared           17.140  Prob. Chi-Square(6) 0.0088
Scaled explained SS     21.359  Prob. Chi-Square(6) 0.0016
-----------------------------------------------------------
```

2.9 Qualitative Variable

2.9.1. Mit Hilfe eines linearen Regressionsmodells soll untersucht werden, ob neben der Dauer der Schulausbildung (SCHULE) und dem Alter (ALTER) für Vollzeit arbeitende abhängig Beschäftigte auch die Art des Arbeitsverhältnisses einen Einfluss auf die Lohnhöhe aufweist. Dazu liegen zusätzlich die Werte für drei Dummies ARBEITER, ANGESTELLTER und BEAMTER vor. Diese Dummy-Variablen nehmen jeweils den Werte eins an, wenn ein entsprechendes Arbeitsverhältnis vorliegt, sonst den Wert null. Es wird davon ausgegangen, dass sich alle beobachteten Arbeitsverhältnisse einer der drei Kategorien zuordnen lassen.

Beim Versuch, das lineare Regressionsmodell

$$\text{LOHN}_i = \alpha_0 + \alpha_1 \text{SCHULE}_i + \alpha_2 \text{ALTER}_i$$
$$+ \alpha_3 \text{ARBEITER}_i + \alpha_4 \text{ANGESTELLTER}_i + \alpha_5 \text{BEAMTER}_i + \varepsilon_i$$

zu schätzen, meldet die Software den Fehler „near singular matrix".

a) Warum kann das Modell in dieser Form nicht geschätzt werden? Geben Sie die Bezeichnung für das vorliegende Problem an und erläutern Sie es inhaltlich.

b) Wie müsste die Schätzfunktion geändert werden, um die interessierenden Zusammenhänge quantifizieren zu können?

2.9.2. Erläutern Sie anhand eines geeigneten Beispieles das lineare Wahrscheinlichkeitsmodell. Gehen Sie dabei auch auf mögliche Vor- und Nachteile dieses Verfahrens ein.

2.9.3. Die folgende Abbildung zeigt das Ergebnis einer Regressionsanalyse auf Basis von Daten des GSOEP 2019.

```
Dependent Variable: Lohn         Method: Least Squares
Included observations: 16243
-----------------------------------------------------------
Variable    Coefficient  Std. Error   t-Statistic   Prob.
-----------------------------------------------------------
C             3852.731    276.683       13.925     0.0000
DABI          2163.301    536.276       -4.465     0.0000
DSEX         -1809.480    405.231        4.304     0.0000
DABI*DSEX    -1074.173    764.727       -1.405     0.1601
-----------------------------------------------------------
```

LOHN gibt den Bruttomonatslohn der betrachteten Personen an. Die Dummy DABI hat den Wert eins, wenn die Person das Abitur abgelegt hat, sonst den Wert null. DSEX hat den Wert eins für Frauen und null für Männer.

a) Wie groß ist demnach das durchschnittliche (erwartete) Einkommen für Männer und Frauen mit sowie ohne Abitur?

b) Welche Interpretation hat der Koeffizient für den Term DABI*DSEX?

c) Wie unterscheidet sich das durchschnittliche Einkommen von Frauen und Männern unter der Annahme, dass der Anteil von Männern und Frauen unter den Erwerbstätigen gleich hoch ist und außerdem 40% der Frauen und 10% der Männer das Abitur absolviert haben?

2.9.4. Die folgende Abbildung zeigt das Ergebnis der Schätzung einer Konsumfunktion für Deutschland, wobei KONSUM den privaten Verbrauch und YVERF das verfügbare Einkommen bezeichnen. Bis Ende 1990 handelt es sich dabei jeweils um die Daten für Westdeutschland, ab Anfang 1991 für die Daten für das wiedervereinigte Deutschland. Die Dummy-Variable D91 nimmt bis Ende 1990 den Wert null, danach den Wert eins an. Neben der Konstanten C wurden auch drei Saisondummies geschätzt. Die Koeffizienten der Saisondummies werden hier der Übersichtlichkeit halber nicht ausgewiesen.

```
Dependent Variable: KONSUM        Method: Least Squares
Sample: 1960Q1 2020Q4       Included observations: 244
-----------------------------------------------------------
Variable     Coefficient   Std. Error   t-Statistic   Prob.
-----------------------------------------------------------
C             2.042447     1.286577     1.587505     0.1137
YVERF         0.885746     0.010240    86.50209      0.0000
D91           1.894200     3.024447     0.626296     0.5317
D91*YVERF     0.000482     0.012637     0.038147     0.9696
-----------------------------------------------------------
```

a) Wie groß würde die marginale Konsumneigung geschätzt, wenn nur die Daten für Westdeutschland bis einschließlich 1990 verwendet würden?

b) Wie groß würde entsprechend die marginale Konsumneigung für die gesamtdeutschen Daten ab 1991 geschätzt?

c) Ist der Unterschied in den geschätzten marginalen Konsumneigungen statistisch signifikant? Begründen Sie Ihre Aussage. Welche ökonomischen Gründe könnten für das Ergebnis maßgeblich sein?

2.9.5. Veranschaulichen Sie kurz den Unterschied zwischen Probit- und Logit-Modellen. Erörtern Sie darüber hinaus mögliche Vorzüge dieser Verfahren gegenüber dem linearen Wahrscheinlichkeitsmodell.

2.9.6. Die folgende Abbildung zeigt das Ergebnis der Schätzung eines Probit-Modells mit EViews.

```
Dependent Variable: ABITUR   Method: ML - Binary Probit
Sample: 1 17646              Included observations: 17646
Convergence achieved after 3 iterations
----------------------------------------------------------
Variable   Coefficient   Std. Error   z-Statistic   Prob.
----------------------------------------------------------
C          -0.419506     0.014058     -29.84167     0.0000
GENDER     -0.223907     0.019926     -11.23693     0.0000
----------------------------------------------------------
```

Dabei bezeichnen:
ABITUR : Dummy-Variable: 1, wenn Person i das Abitur hat, 0 sonst
GENDER : Geschlecht: 1 für Frauen, 0 für Männer

a) Geben Sie die formale Darstellung des geschätzten Modells an. Welche Bestandteile des Modells sind zu schätzen und wie lässt sich die Wahrscheinlichkeit Abitur zu haben berechnen?

b) Wie sind die geschätzten Koeffizienten zu interpretieren? Gibt es Unterschiede zur Interpretation der Ergebnisse einer KQ-Schätzung? Wenn ja, warum?

c) Worin besteht der Unterschied zwischen Probit- und einem Logit-Modell?

2.9.7. Tabelle 2.5 zeigt einen kleinen Ausschnitt aus den Schätzergebnissen eines Probit-Modells, das N. Barasinska und D. Schäfer im Discussion Paper 05/2013 der Deutschen Bundesbank vorgestellt haben. Die abhängige Variablen Risky nimmt den Wert null an, wenn die betrachtete Person keine risikobehafteten Anlagen (Aktienfonds) besitzt, und den Wert eins, falls er oder sie solche Anlagen hält.

Die hier ausgewiesenen Ergebnisse beziehen sich auf Daten für Italien. Male steht für eine Dummyvariable, die für Männer den Wert eins, sonst den Wert null annimmt, ln(Income) für das logarithmierte Einkommen der Person, die Dummies II Wealth quartile, III Wealth quartile und IV Wealth quartile für die Zugehörigkeit zum jeweiligen Quartil der Vermögensverteilung, die Dummy Real Property für Immobilieneigentum, die Dummy Self-Employed für selbständig Beschäftigte und die Dummy Education für einen höheren Bildungsabschluss. Die Gleichung enthält noch weitere erklärende Variablen, die hier nicht ausgewiesen werden. Für die Variablen wird jeweils der marginale Effekt ausgewiesen, wobei bei der Berechnung für alle Variablen der Landesdurchschnitt zugrunde gelegt wurde.

2.9 Qualitative Variable 71

Tabelle 2.5. Schätzergebnisse aus Marasinska und Schäfer (2013, S. 15)

	Italy
	(1)
Male	0.087***
	(0.016)
ln(Income)	0.117***
	(0.016)
II Wealth quartile	0.191
	(0.145)
III Wealth quartile	0.262**
	(0.13)
IV Wealth quartile	0.286***
	(0.084)
Real Property	0.023
	(0.019)
Self-Employed	−0.013***
	(0.022)
Education	0.109***
	(0.026)
...	...
Pseudo-R^2	0.13
AIC	2556
BIC	2651
Number of obs.	2,806

Note: *p<0.1; **p<0.05; ***p<0.01

Unter den geschätzten marginalen Effekten für die einzelnen Variablen wird in Klammern die geschätzte Standardabweichung dafür ausgewiesen. Mit ∗ ∗ ∗ beziehungsweise mit ∗∗ wird gekennzeichnet, wenn die Nullhypothese, dass der tatsächliche marginale Effekt null ist, zum 1%- beziehungsweise 5%-Niveau verworfen werden kann.

a) Was lässt sich über den Einfluss der Variable `Male` aussagen?

b) Was lässt sich aus dem für die Variable logarithmiertes Einkommen (`ln(Income)`) ausgewiesenen marginalen Effekt von 0,117 über die Auswirkung einer 1-prozentigen Erhöhung des Einkommens auf die Wahrscheinlichkeit, riskante Anlagen zu halten, ableiten?

c) Welche Schlüsse lassen sich aus den Ergebnissen für die 3 Dummyvariablen `II Wealth quartile`, `III Wealth quartile` und `IV Wealth quartile` ziehen?

2.9.8. Setzen Sie sich kritisch mit der Aussage „Die ermittelten marginalen Effekte im linearen Wahrscheinlichkeitsmodell und Probit-Modell sind identisch" auseinander.

2.9.9. In der Studie von V.R. Rao und E.W. McLaughlin "Modeling the Decision to Add New Products by Channel Intermediaries" (Journal of Marketing, 53, 1998, 80–88) wird untersucht, welche Faktoren eine Rolle spielen bei der Entscheidung von Handelsketten, neue Produkte aufzunehmen. Auf Basis theoretischer Vorüberlegungen wurden einige Faktoren identifiziert werden, die eine Rolle spielen könnten. Durch eine Erhebung bei einer mittelgroßen Handelskette in den USA und deren Zulieferern wurden für ein halbes Jahr wöchentlich entsprechende Daten erhoben werden. Der empirischen Auswertung liegen 2 034 einzelne Entscheidungen zugrunde, von denen in 31,9% der Fälle das neue Produkt in den Vertrieb aufgenommen wurde. Für die ökonometrische Auswertung verblieben wegen fehlender Variablenwerte 687 Beobachtungen.

Tabelle 2.6 zeigt einige Ergebnisse der Schätzung eines Logit-Modells. Bitte beachten Sie dass zu den Koeffizienten in Klammern jeweils χ^2-Statistiken ausgewiesen werden. Die gebräuchlichere t-Statistik ergibt sich daraus durch Wurzelziehen unter Beibehaltung des Vorzeichens des Koeffizienten. Beispielsweise beträgt die t-Statistik für die Konstante (`Intercept`) demnach $-\sqrt{41.92} = 6.47$.

Bitte beantworten Sie auf Basis der in der Tabelle gezeigten Ergebnisse die folgenden Fragen:

a) Ist der Einfluss der Bruttomarge (`Gross margin`) auf die Wahrscheinlichkeit, das Produkt zu listen, positiv oder negativ? Entspricht das Ergebnis theoretischen Erwartungen? Ist der Effekt auf einem Niveau von 5% signifikant von null verschieden? Bitte erläutern Sie Ihre Aussage kurz.

b) Kann aus den Ergebnissen unmittelbar abgelesen werden, um wie viel Prozentpunkte die Wahrscheinlichkeit einer Aufnahme des Produktes steigt, wenn sich die Bruttomarge verdoppelt? Bitte erläutern Sie Ihre Aussage kurz.

c) In der Arbeit wird auch die im folgenden dargestellte Tabelle 2.7 gezeigt. Erläutern Sie die Einträge in der Tabelle. Wann würde das Modell eine perfekte Erklärung liefern?

Tabelle 2.6. Logit-Modell über beeinflussende Effekte von Produktmarkteinführungen, Quelle: Rao und McLaughlin (1998, S. 85)

Group of Items Variable	All items[a]
Intercept	-5.47 $(41.92)^b$
Gross margin	$-.06$ $(10.30)^b$
Profit per shelf volume	$.004$ $(3.24)^c$
Opportunity cost	$-.001$ $(1.14)^c$
Number of competing firms	$.14$ $(11.72)^{b,c}$
Number of competing brands	$-.03$ $(1.89)^c$
Product uniqueness	$.25$ $(18.03)^{b,c}$
Vendor effort	$.03$ $(.46)^c$
Terms of trade dummies	
Off-invoice	$-.19$ $(.70)^c$
Slotting allowance	$-.43$ $(2.03)^c$
Billback	$-.93$ $(6.04)^{b,c}$
Free cases	$-.22$ $(.87)$
Low price dummy	$-.17$ $(.30)$
Medium price dummy	$.02$ $(.01)^c$
Expected category growth	$.68$ $(46.49)^{b,c}$
Synergy dummy	$-.31$ $(2.01)^c$
Product category dummies	See Table 4
Number of observations	687
Model chi square, d.f.	249.49, 23
P-value	0.0

[a] Entries are coefficient and chi square for each variable (with 1 d.f.)
[b] Significant at .05 level.
[c] Sign of the coefficient is according to expectations.

Tabelle 2.7. Model Fit

	Prediction		
Actual	Accepted	Rejected	Total
Accepted	125	98	223
Rejected	51	413	464
Total	176	511	687

2.10 Trend- und Saisonbereinigung

2.10.1. Stichwort „HP–Filter"

a) Bezeichne X_t die betrachtete Zeitreihe, so lässt sich die Formel zur Bestimmung der HP–Trendkomponente H_t als folgendes Optimierungsproblem darstellen:

$$\min_{H_1...H_T} \sum_{t=1}^{T}(X_t - H_t)^2 + \lambda \sum_{t=2}^{T-1}[(H_{t+1} - H_t) - (H_t - H_{t-1})]^2$$

- Erläutern Sie anhand dieser Formel die grundsätzliche Idee sowie die wesentliche Eigenschaft des Hodrick–Prescott (HP) Filters.
- Welche Rolle spielt hierbei der Parameter λ? Welche Effekte werden durch eine Erhöhung bzw. durch eine Minderung der numerischen Werte für λ hervorgerufen?

b) Beschreiben Sie das „Endpunktproblem" sowie dessen Auswirkungen auf empirische Forschungsarbeiten.

2.10.2. Nachfolgend sehen Sie einen Zeitreihenplot der verfügbaren Einkommens der privaten Haushalte, 1960-2020 (auf den offensichtlichen Strukturbruch müssen Sie bei der Beantwortung der nachfolgenden Fragen nicht weiter eingehen).

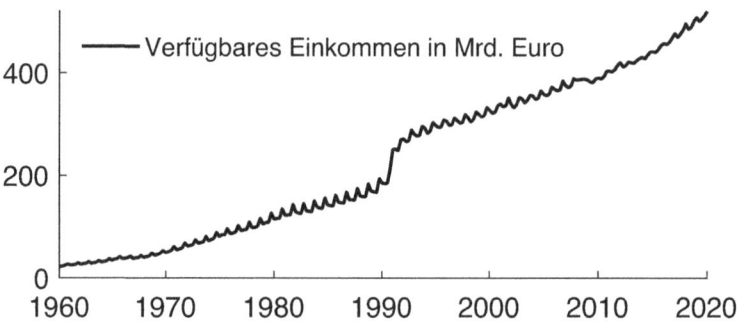

Abb. 2.6. Verfügbares Einkommen, Quelle: Statistisches Bundesamt; Datenbank GENESIS-Online; Tabelle: 81000-0005

a) Wenn Sie zunächst nur den Zeitraum bis 1990 betrachten, würden Sie einen additiven oder einen multiplikativen Ansatz zur Zerlegung dieser Reihe in ihre grundlegenden Komponenten bevorzugen? Begründen Sie Ihre Aussage.

b) Beschreiben Sie formal, wie der von Ihnen bevorzugte Ansatz umzusetzen ist.

c) Nennen Sie ausgehend vom konkreten Beispiel einen relevanten Kritikpunkt, welcher die Durchführung einer Komponentenzerlegung in diesem Fall in Frage stellt.

2.10.3. Stichwort „Regression mit Saisondummies": Mit Hilfe sogenannter „Saisondummies" lässt sich eine Saisonbereinigung auch durch eine lineare Regression durchführen. Beispielhaft sei hierzu auf den in Abbildung 2.7 gezeigten Output verwiesen, welcher die Ergebnisse eines solchen Ansatzes für die Zeitreihe des monatlichen Gesamtindex der deutschen Einzelhandelsumsätze (preisbereinigt, ohne Kraftfahrzeuge) wiedergibt.

```
Variable     Coefficient   Std. Error    t-Statistic   Prob.

@SEAS(1)     90.44643      1.154895      78.31570      0.0000
@SEAS(2)     87.11786      1.154895      75.43356      0.0000
@SEAS(3)     100.5571      1.154895      87.07036      0.0000
@SEAS(4)     97.84444      1.176088      83.19485      0.0000
@SEAS(5)     97.64815      1.176088      83.02795      0.0000
@SEAS(6)     94.82963      1.176088      80.63142      0.0000
@SEAS(7)     97.58148      1.176088      82.97126      0.0000
@SEAS(8)     94.84444      1.176088      80.64402      0.0000
@SEAS(9)     95.89259      1.176088      81.53524      0.0000
@SEAS(10)    101.5296      1.176088      86.32828      0.0000
@SEAS(11)    103.8444      1.176088      88.29651      0.0000
@SEAS(12)    118.1481      1.176088      100.4586      0.0000

R-squared    0.604148      Mean dependent var         98.30520
```

Abb. 2.7. Schätzergebnis für Einzelhandelsumsätze; Datenquelle: Statistisches Bundesamt; Datenbank GENESIS-Online; Tabelle: 45212-0004

a) Beschreiben Sie den formalen Ansatz: Wie lässt sich die geschätzte Gleichung notieren, welche Annahmen werden hierbei getroffen?

b) Erweisen sich die jeweiligen Saison–Dummies als signifikant (von null verschieden)? Lässt sich auf dieser Basis etwas über die Relevanz (im statistischen Sinne) von Saisoneffekten aussagen?

c) Eine grafische Gegenüberstellung der Originalzeitreihe, der durch die Saison–Dummies prognostizierten Werte (oberer Teil) sowie der geschätzten Residuen (unterer Teil) finden Sie in Abbildung 2.8. Bitte erläutern Sie diese Abbildung.

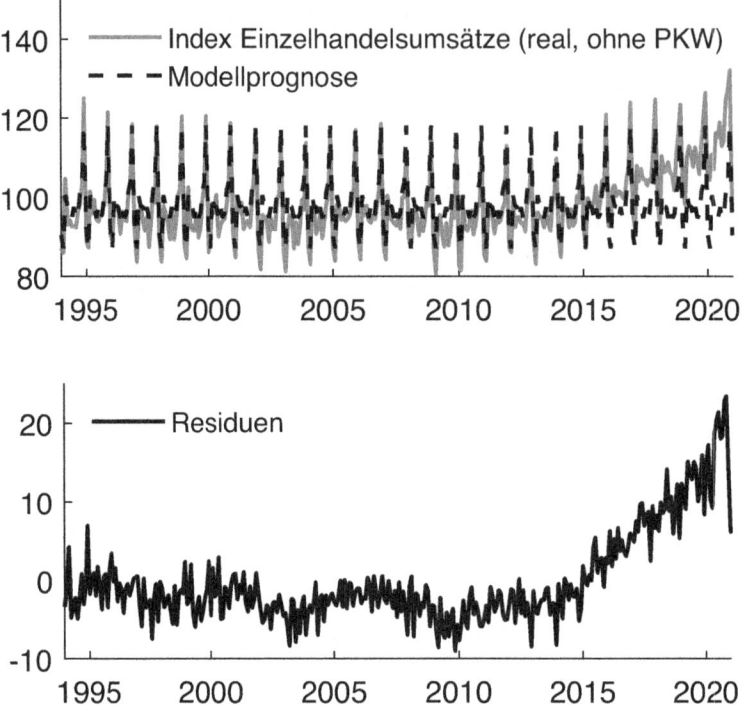

Abb. 2.8. Residuen für Index der Einzelhandelsumsätze mit Saisondummies, Datenquelle: Statistisches Bundesamt; Datenbank GENESIS-Online; Tabelle: 45212-0004; Eigene Berechnung

2.10.4. In einer Analyse der Deutschen Bundesbank für Monatsdaten (1999 - 2006) wurde unter anderem aus der Reihe für einen Aktienindex s_t (Stoxx 50) die Reihe der stetigen jährlichen Renditen, also $\Delta^{12} s_t = \ln(s_t) - \ln(s_{t-12})$, berechnet und in weiteren ökonometrischen Analysen benutzt.

a) Geben Sie zunächst an, welchen Vorteil die Verwendung von Jahreswachstumsraten beziehungsweise jährlichen Renditen bei höherfrequenten Daten aufweisen kann.

b) Die Schätzung des Modells $\Delta^{12} s_t = \beta_1 + \beta_2 \Delta^{12} s_{t-1} + \varepsilon_t$ ergab einen signifikant von null verschiedenen Schätzer für β_2, dessen Wert bei 0,944 lag. Kann aus diesem Ergebnis geschlossen werden, dass die Aktienrenditen autokorreliert sind, d.h. dass aus den vergangenen Werten auf die zukünftige Entwicklung geschlossen werden kann? Wie lässt sich der hohe und signifikante Wert von $\hat{\beta}_2$ erklären?

c) Betrachtet man statt jährlicher Renditen die Monatsrenditen $\Delta s_t = \ln(s_t) - \ln(s_{t-1})$, so ergibt die Schätzung des Modells $\Delta s_t = \beta_1 + \beta_2 \Delta s_{t-1} + \varepsilon_t$ keinen signifikanten Effekt für β_2. Welche der beiden Modellierungen ist vorzuziehen? Begründen Sie Ihre Entscheidung.

2.10.5. Gehen Sie davon aus, dass die beiden Zeitreihen x_t und y_t Saisoneffekte aufweisen können. Um zu prüfen, ob es einen signifikanten Einfluss von x_t auf y_t gibt, wurden verschiedene lineare Modelle geschätzt. Stellen Sie für die einzelnen Modelle das Vorgehen dar und schildern Sie damit verbundene Vor- und Nachteile. Gehen Sie insbesondere auf das Risiko ein, dass t-Statistiken überschätzt werden könnten.

a) Schätzung mit gleitenden Durchschnitten von x_t und y_t.

b) Schätzung mit den, mittels des HP-Filters ermittelten, glatten Komponenten.

c) Schätzung mit Saisondummies in der Regressionsgleichung.

2.11 Dynamische Modelle

2.11.1. Nennen Sie mindestens zwei Gründe, warum eine dynamische Modellierung für ökonomische Fragestellungen in Betracht gezogen werden sollte. Wie könnte die praktische Umsetzung eines Modells aussehen, in dem nur verzögerte Werte der erklärenden Variablen berücksichtigt worden sind?

2.11.2. Überführen Sie ein ADL(1,1) Modell der Form $Y_t = \alpha + \alpha_1 Y_{t-1} + \beta_0 X_t + \beta_1 X_{t-1} + \varepsilon_t$ in seine Fehlerkorrekturdarstellung.

2.11.3. Die folgende Abbildung zeigt wiederum das Ergebnis einer Kleinste-Quadrate-Schätzung mit EViews. Dabei bezeichnen:

KONSUM: Privater Verbrauch in Mrd. Euro (in jeweiligen Preisen)
Y_VERF: Verfügbares Einkommen in Mrd. Euro (in jeweiligen Preisen)
@SEAS(k): Saisondummy für Quartal k

```
Dependent Variable: D(KONSUM)     Method: Least Squares
Sample: 1991:1 2015:3             Included observations: 91
--------------------------------------------------------------
Variable    Coefficient   Std. Error   t-Statistic   Prob.
--------------------------------------------------------------
C           -3.729080     1.726488    -2.159923     0.0334
@SEAS(1)   -17.31330      0.706448   -24.50755      0.0000
@SEAS(2)     5.013182     1.829814     2.739722     0.0074
@SEAS(3)     1.462109     0.802255     1.822499     0.0716
D(Y_VERF)    0.912895     0.040031    22.80444      0.0000
KONSUM(-1)  -0.504988     0.087464    -5.773691     0.0000
Y_VERF(-1)   0.472204     0.082213     5.743682     0.0000
--------------------------------------------------------------
```

a) Welcher ökonometrische Modelltyp wurde hier analysiert?

b) Notieren Sie das geschätzte Regressionsmodell unter Verwendung der üblichen Symbolik.

c) Drei Koeffizientenschätzwerte des obigen Regressionsoutputs werden nachfolgend nochmals (gerundet) aufgeführt. Ergänzen Sie diese numerischen Werte jeweils um eine kurze formale Interpretation des geschätzten Parameters.

0.913:

-0.505:

0.472:

d) Welcher numerische Wert ergibt sich auf Basis dieser Schätzung für die langfristige marginale Konsumneigung?

e) Können Sie anhand der Ihnen vorliegenden Ergebnisse die Hypothese verwerfen, dass die langfristige marginale Konsumneigung tatsächlich einen numerischen Wert von 0,9 hat?

f) Angenommen, die betrachtete Volkswirtschaft befände sich bis zum Zeitpunkt t_0 in einem durch obige Regressionsgleichung beschriebenen Gleichgewichtszustand. In t_0 erfolge nun eine einmalige und dauerhafte Erhöhung des verfügbaren Einkommens. Skizzieren Sie den Verlauf des hierdurch induzierten dynamischen Anpassungsprozesses des privaten Verbrauchs und erörtern Sie Ihre Skizze.

2.12 Nichtstationarität und Kointegration

2.12.1. Erläutern Sie den Begriff der Kovarianz-Stationarität.

2.12.2. Was versteht man im Kontext von nichtstationären Zeitreihen unter einer Scheinregression (auch als "Nonsense-Schätzung" bezeichnet)?

2.12.3. Erklären Sie das prinzipielle Vorgehen beim Engle-Granger-Verfahren.

2.12.4. Was versteht man unter Kointegration?

2.13 Diagnose und Prognose

2.13.1. Das Ergebnis der Simulation einer bestimmten wirtschaftspolitischen Maßnahme hängt grundsätzlich vom zugrunde gelegten Modell ab. In der folgenden Abbildung werden die Ergebnisse einer Simulation eines (in beiden Fällen identischen) exogenen dauerhaften Schocks ab Zeitpunkt $t_0 = 25$ mittels zweier unterschiedlicher Modelle skizziert.

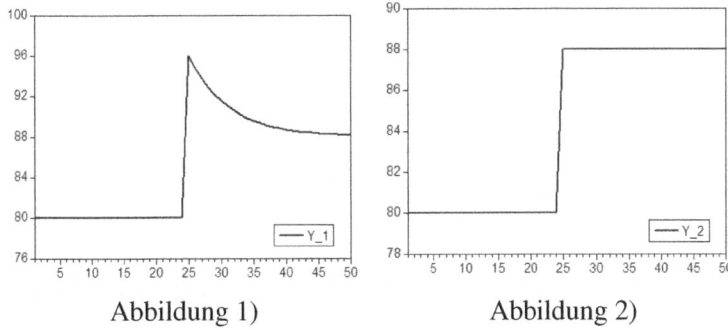

Abbildung 1)   Abbildung 2)

a) Beschreiben Sie zunächst allgemein, wie ausgehend von einer Modellspezifikation $Y_t = f(X_t) + \varepsilon_t$ die Auswirkungen eines Schocks ΔX_{t_0} berechnet werden können.

b) Jede Interpretation simulierter Modellreaktionen basiert auf einer zentralen Annahme. Nennen und diskutieren Sie diese Annahme.

c) In welchem Aspekt unterscheiden sich die beiden für die Simulation benutzten Modelltypen?

d) Angenommen, Ihre Aufgabe wäre es, die Auswirkungen von Politikmaßnahmen mittels eines ökonometrischen Modells zu simulieren. Welchen der beiden oben skizzierten Prototypen würden Sie bei der Bearbeitung dieser Aufgabe bevorzugen? Begründen Sie Ihre Entscheidung.

e) Gegeben sei folgendes Modell:

$$\Delta y_t = \beta \Delta x_t - \lambda (y_{t-1} - \alpha x_{t-1}) + \varepsilon_t$$

Zu diesem Modell können Sie der nachfolgenden Tabelle drei verschiedene Parameterkonstellationen entnehmen, für die jeweils die Auswirkungen eines einmaligen dauerhaften positiven exogenen Schocks in Periode $t = 1$ auf die Niveauvariable y_t simuliert wurden.

Fall	β	λ	α
(1)	0	0,15	0,8
(2)	1,6	0,15	0,8
(3)	0,4	0,15	0,8

Die jeweiligen Anpassungsprozesse werden nachfolgend grafisch wiedergegeben, allerdings in (eventuell) vertauschter Reihenfolge.

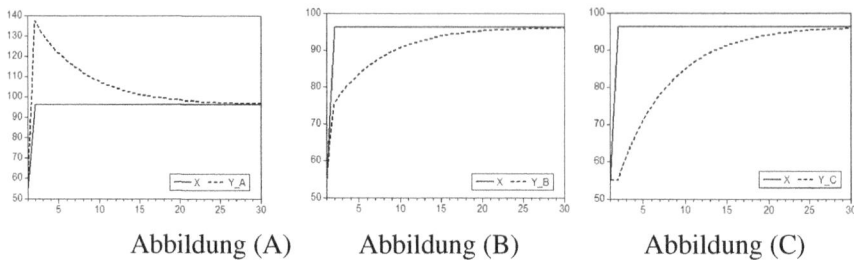

Abbildung (A) Abbildung (B) Abbildung (C)

Ordnen Sie den Abbildungen (A)–(C) jeweils eine Parameterkonstellation (1)–(3) zu und begründen Sie Ihre Zuordnung.

2.13.2. Ein simples und dennoch weit verbreitetes Modell zur Prognose des Ölpreises basiert auf so genannten Terminkontrakten (Futures). Diese spiegeln Erwartungen der Marktteilnehmer über die zukünftige Entwicklung des Ölpreises wider und werden an der Börse gehandelt. Der folgenden Tabelle 2.8 können Sie den Ölpreis (Brent) sowie die Prognosen, die mithilfe der Futures-Preise erzeugt wurden, für den Zeitraum Juni 2014 bis Januar 2015 entnehmen:

Tabelle 2.8. Prognose des Ölpreises

Monat	Juni	Juli	Aug.	Sept.	Okt.	Nov.	Dez.	Jan.
Brent	102.47	97.86	93.05	88.91	80.28	73.15	57.67	44.02
Prognose	102.73	96.93	94.25	86.44	78.63	63.87	52.70	48.46

a) Für die Prognose wurde ein mittlerer Prognosefehler von 1.675 berechnet. Welche Schlussfolgerung ziehen Sie aus diesem Ergebnis?

b) Des Weiteren wurde für die Prognose eine Wurzel des mittleren quadratischen Prognosefehlers (RMSE) von 11.90 berechnet. Bitte erläutern Sie kurz, was hinter dem RMSE steckt und welchen Wert es bei (nahezu) perfekten Prognosen idealerweise annehmen würde.

c) Die folgende Abbildung zeigt das Ergebnis einer Kleinsten-Quadrate-Schätzung mit EViews für den Zeitraum April 1994 bis Januar 2015.

```
Dependent Variable: Brent         Method: Least Squares
Sample: 1 17646                   Included observations: 250
-----------------------------------------------------------
Variable      Coefficient    Std. Error    t-Statistic    Prob.
-----------------------------------------------------------
C             0.089059       0.333888      0.266732       0.7899
Prognose      0.993095       0.005119      193.9837       0.0000
-----------------------------------------------------------
```

Interpretieren Sie die Koeffizienten. Liegt eine systematische Verzerrung der Prognose des Futures-Modells vor?

d) Schlagen Sie für die Prognose des Ölpreises eine Ihnen geeignet erscheinende „naive" Prognose vor, mit der die Prognose auf Basis der Terminkontrakte verglichen werden könnte. Begründen Sie Ihre Wahl kurz.

2.13.3. Die folgende Abbildung 2.9 zeigt die Prognosen des Sachverständigenrats zur Begutachtung der gesamtwirtschaftlichen Entwicklung (SVR) als graue Linien und die tatsächlichen Realisierungen (gestrichelte Linien) für die Wachstumsraten des realen BIP (oben) und des BIP-Deflators (unten) für die Jahre 1967 bis 2010.

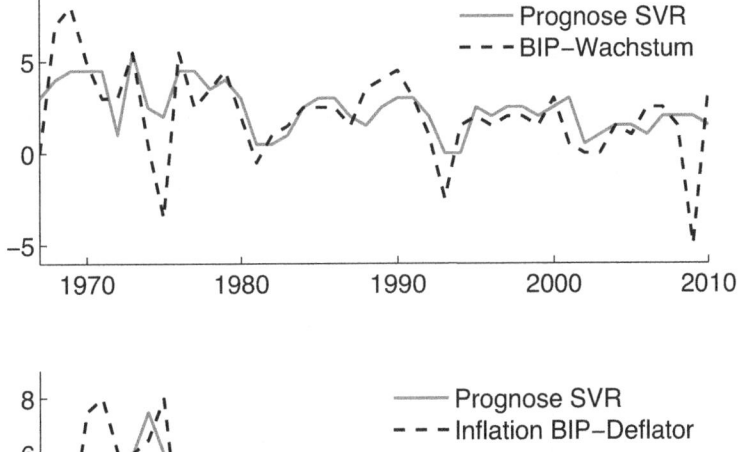

Abb. 2.9. Prognosen für BIP und BIP-Deflator, eigene Darstellung. Quelle: Heilemann und Stekler (2012), German Economic Review, 14(2), S. 240, „Has the Accuracy of Macroeconomic Forecasts for Germany Improved?"

a) Für die Prognosen des SVR für das reale BIP-Wachstum wurde ein Root Mean Squared Error (RMSE) von 1.9218 berechnet. Bitte erläutern Sie kurz, was hinter dem Maß RMSE steckt und welchen Wert es bei (nahezu) perfekten Prognosen idealerweise annehmen würde.

b) Alternativ wurden als Prognosen ein konstanter Wert von 0 Prozent (konstant) und das Wachstum im Vorjahr (random walk) angenommen.

Im ersten Fall ergab sich ein Wert des RMSE von 2.7313, im zweiten Fall von 1.3956. Welche Schlussfolgerung lässt sich hieraus auf die Qualität der SVR-Prognosen im betrachteten Zeitraum ziehen? Gehen Sie bei Ihrer Begründung auch auf das Konzept von Theils U ein.

c) Schlagen Sie für die Prognose der Wachstumsrate des BIP-Deflators eine Ihnen geeignet erscheinende „naive" Prognose vor, mit der die des SVR verglichen werden könnte. Begründen Sie Ihre Wahl kurz.

2.13.4. Zur Prognose der Entwicklung des Index der Industrieproduktion werden der ZEW-Stimmungsindikator auf Basis der Befragung von Finanzmarktexperten über deren Konjunkturerwartungen für in sechs Monaten und der vom Statistischen Bundesamt veröffentlichte LKW-Maut-Fahrleistungsindex eingesetzt.

a) Erläutern Sie kurz, um welche Art von Indikatoren (in zeitlicher Relation zum Index der Industrieproduktion) es sich dabei jeweils handelt. Welcher Index ist demnach besser geeignet, um darauf basierend eine Prognose der Industrieproduktion zu einem zukünftigen Zeitpunkt zu erhalten?

b) Um den Zusammenhang zwischen IP (Index der Industrieproduktion) und ZEWSENT (ZEW-Stimmumgsindikator, der Werte zwischen -100 und +100 annehmen kann) zu messen, wurde ein lineares Regressionsmodell geschätzt, wobei D(IP) für die Veränderung der Industrieproduktion im Vergleich zum Vormonat steht:

```
Dependent Variable: D(IP)         Method: Least Squares
Sample: 1992:6 2021:5             Included observations: 348
-----------------------------------------------------------
Variable      Coefficient   Std. Error   t-Statistic   Prob.
-----------------------------------------------------------
C               -0.105799    0.118428    -0.893361    0.3723
ZEWSENT(-6)      0.007757    0.002758     2.812561    0.0052
-----------------------------------------------------------
R-squared              0.02235   Mean dependent var  0.06351
Adjusted R-squared     0.01953   S.D. dependent var  1.92143
F-statistic            7.91050   Durbin-Watson stat  1.96620
-----------------------------------------------------------
```

Interpretieren Sie bitte die vorliegenden Regressionsergebnisse. Gehen Sie dabei auch auf die ökonomischen Relevanz der Ergebnisse ein. Da es sich um eine Zeitreihenregression handelt, besteht grundsätzlich die Gefahr von Verzerrungen aufgrund autokorrelierter Fehlerterme. Liegt dieses Problem bei der aktuellen Schätzung nach Maßgabe der ausgewiesenen Ergebnisse vor?

c) In der Diskussion der Ergebnisse kam die Frage auf, ob sich möglicherweise die Prognosefähigkeit des ZEW-Stimmungsindikators nach der Finanzmarktkrise verändert hat. Um dies zu prüfen, wurde eine weitere Regression durchgeführt, in die zusätzlich noch eine Dummyvariable D2010 einbezogen wurde, die bis Dezember 2009 den Wert null und ab Januar 2010 den Wert eins annimmt. Die Ergebnisse der Schätzung lauten wie folgt:

```
-----------------------------------------------------------------
Dependent Variable: D(IP)         Method: Least Squares
Sample: 1992:6 2021:5      Included observations: 348
-----------------------------------------------------------------
Variable        Coefficient Std. Error  t-Statistic Prob.
-----------------------------------------------------------------
C                -0.139446   0.155973   -0.894039 0.3719
D2010             0.065463   0.241016    0.271614 0.7861
ZEWSENT(-6)       0.007116   0.003211    2.216168 0.0273
D2010*ZEWSENT(-6)
                  0.003702   0.006517    0.568051 0.5704
-----------------------------------------------------------------
R-squared           0.02436  Mean dependent var 0.06351
Adjusted R-squared  0.01585  S.D. dependent var 1.92143
F-statistic         2.86266  Durbin-Watson stat 1.97082
-----------------------------------------------------------------
```

Muss auf Basis dieser Ergebnisse davon ausgegangen werden, dass sich der Zusammenhang zwischen und D(IP) nach 2010 signifikant verändert hat? Begründen Sie kurz Ihre Aussage auf Basis der relevanten Regressionsergebnisse.

d) Die Veränderung des LKW-Maut-Fahrleistungsindex weist einen signifikant positiven Zusammenhang mit der Veränderung der Industrieproduktion auf. Ist er Ihrer Einschätzung nach auch grundsätzlich für eine Prognose mit einem Horizont von 6 Monaten geeignet? Bitte erläutern Sie Ihre Einschätzung kurz.

3

Textbezogene Aufgaben

3.2 Datenbasis der empirischen Wirtschaftsforschung

3.2.1. Lesen Sie den Artikel "Zur Wachstums- und Wohlfahrtsmessung" von Albert Braakmann aus Wirtschaft und Statistik 7/2010, S. 609-614.

   a) Welche Kritikpunkte werden an der Verwendung des BIP als einzigen Indikator für die wirtschaftliche Entwicklung genannt?

   b) Warum wird die Betrachtung von Median- statt Durchschnittseinkommen empfohlen?

   c) Welche ergänzenden Indikatoren schlägt die Stiglitz-Sen-Fitoussi Kommission vor?

   d) Welche Vor- und Nachteile sehen sie bei der Nutzung des mehrdimensionalen Ansatzes der Wohlstandsmessung (der Stiglitz-Sen-Fitoussi Kommission)? Welche Schwierigkeiten sehen Sie bei der Operationalisierung?

   e) Welche Probleme sehen Sie bei der internationalen Vergleichbarkeit von Indikatoren wie dem in Bhutan verwendeten "Bruttosozialglück"?[4]

3.2.2. Lesen Sie im Monatsbericht Juli 2006 der Deutschen Bundesbank die Seiten 28–29 ("Kreditneugeschäft gemäß MFI-Zinsstatististik"). In dem Artikel, in dem dieser Datenexkurs enthalten ist, geht es um die Entwicklung der Kreditvergabe deutscher Banken (dieser Artikel wird in weiteren Aufgaben noch einmal aufgegriffen werden). Erläutern Sie Vor- und Nachteile des deutschen Beitrags zur EWU-Zinsstatistik als Messgröße für den Mittelzufluss (via Krediten) an den privaten Nichtbankensektor. Vergleichen Sie dies mit der Veränderung der Kreditbestände aus der monatlichen Bilanzstatistik der Deutschen Bundesbank. Gehen Sie dabei insbesondere auf folgende Aspekte ein:

---

[4] http://www.zeit.de/2008/13/Bhutan

a) Konzept und Operationalisierung

b) Datenerfassung (Messung)

c) Validität

3.2.3. Setzen Sie sich kritisch mit dem Artikel "Competitiveness: A Dangerous Obsession" von Paul Krugman aus Foreign Affairs 73,2 (1994) auseinander. Versuchen Sie dabei ein Konzept zur Messung der internationalen Wettbewerbsfähigkeit eines Landes herauszuarbeiten. Stellen Sie dar, wie dieses Konzept operationalisiert werden könnte.

3.2.4. Berechnungen der Weltbank weisen unter anderem den Anteil einzelner Volkswirtschaften am weltweiten Bruttoinlandsprodukt aus. Dazu müssen die Zahlen der einzelnen Länder in eine einheitliche Währung umgerechnet werden. Typischerweise dient hierbei der US-$ als Vergleichswährung.

a) Ein nahe liegendes Verfahren bestünde darin, die Zahlen für ein Jahr jeweils mit dem in der Periode gültigen tatsächlichen Wechselkurs zu bewerten. Warum kann es dabei, insbesondere bei Ländern wie China, zu erheblichen Verzerrungen kommen?

b) Eine Alternative Methode besteht darin, die Umrechnung auf Basis von Kaufkraftparitäten (KKP) vorzunehmen. Lesen Sie dazu den Artikel von F. Burg "Zur Berechnung von Kaufkraftparitäten" in Wirtschaft und Statistik 8/2011, S. 793–800.

  i. Beschreiben Sie den dabei vorzunehmenden Rechenweg.

  ii. Welche Vorteile bietet die Nutzung von KKP gegenüber Marktwechselkursen?

  iii. Welche Anforderungen werden an die berücksichtigten Produkte gestellt und welche praktischen Probleme ergeben sich?

c) In den Statistiken der Weltbank wurde mit Kaufkraftparitäten gerechnet, die jedoch auf Preisdaten aus den 80er Jahren basierten. Bei einer Aktualisierung ergaben sich erhebliche Veränderungen. Beispielsweise fiel der geschätzte Anteil Chinas am Welt-BIP von 14% auf 10%. Wie muss sich demnach die Kaufkraftparität seit den 80er Jahren entwickelt haben?

3.4 Wirtschaftsindikatoren

3.4.1. Im Monatsbericht April 2014 der EZB wird auf den Seiten 45 bis 47 auf potenzielle Messprobleme bei der Inflationsmessung auf Basis von Verbraucherpreisindizes eingegangen. Lesen Sie den Text im Kasten 4 auf den angegebenen Seiten und beantworten Sie dann die folgenden Fragen.

   a) Welche vier mögliche Quellen von Verzerrungen werden genannt? Skizzieren Sie jeweils kurz den Grund einer möglichen Verzerrung und in welche Richtung Sie diese erwarten.

   b) Welche Maßnahmen werden bei der Berechnung der harmonisierten Verbrauchpreisindizes getroffen, um den möglichen Verzerrungen zu begegnen (bitte geben Sie zu jeder der vier genannten Ursachen zumindest eine mögliche "Gegenmaßnahme" an)?

   c) Sind die umgesetzten Maßnahmen nach Auffassung der Autoren (der EZB) ausreichend, um sicherzustellen, dass die Entwicklung der Verbrauchpreise nicht verzerrt ausgewiesen wird? Warum könnte eine mögliche Verzerrung der Entwicklung nach oben (Überschätzung der tatsächlichen Inflation) kritisch sein?

3.4.2. Im iw-dienst, dem Informationsorgan des Instituts der deutschen Wirtschaft, Köln, heißt es in der Ausgabe 11, 14.3.2013, zum Thema Lohnquote auf Seite 5 u.a.: "Die Lohnquote schwankt aber nicht nur, auch ihre Aussagekraft ist eingeschränkt: Eigentlich soll sie zeigen, welcher Anteil des gesamten Volkseinkommens auf den Produktionsfaktor Arbeit entfällt. Die Arbeitnehmer beziehen aber nicht nur Gehalt, die meisten haben auch Kapitaleinkünfte: So werfen ihre Sparanlagen Zinsen ab, Aktienfonds schütten Dividenden aus, und die Einliegerwohnung im eigenen Haus sorgt für Mieteinnahmen. Der tatsächliche Anteil der Arbeitnehmer am Volkseinkommen ist dementsprechend höher, als es die Lohnquote widerspiegelt."

   a) In dem Textausschnitt werden zwei unterschiedliche Konzepte diskutiert, die in Bezug zu Arbeitnehmereinkommen stehen. Erläutern Sie die beiden Konzepte und gehen Sie insbesondere auf den wesentlichen Unterschied ein.

   b) Welches der Konzepte entspricht der üblicherweise als Lohnquote ausgewiesenen Größe? Welches der Konzepte führt in der Regel zu höheren Werten?

   c) Welches der Konzepte erscheint Ihnen angemessener, wenn es um die Messung der Einkommensanteile der Produktionsfaktoren Arbeit und Kapital geht?

3.4.3. Um Armut zu messen, existieren verschiedene Konzepte. So wird beispielsweise zwischen absoluter und relativer Armut unterschieden. Absolute Armut liegt vor, wenn Menschen das zum Überleben Notwendige fehlt. Für relative Armut wird hingegen häufig auf Quantile oder Mittelwerte der Einkommensverteilung in einer Region bezogen.

Lesen Sie hierzu im 6. Armuts- und Reichtumsbericht des Bundesministeriums für Arbeit und Soziales aus dem Jahr 2021 (`https://www.armuts-und-reichtumsbericht.de/SharedDocs/Downloads/Berichte/sechster-armuts-reichtumsbericht.pdf`) den Abschnitt III.2 ab Seite XIII.

a) Basiert die im Bericht diskutierte Armutsrisikoquote auf einem Konzept der relativen oder absoluten Armut?

b) Wie würde sich die im Bericht definierte Armutsrisikoquote verändern, wenn alle betrachteten Einkommen verdoppelt würden?

c) Um welche Art von Messansatz handelt es sich bei der ebenfalls diskutierten Quote der (erheblichen) materiellen Deprivation? Wie würde sich diese Quote tendenziell verändern, wenn alle betrachteten Einkommen verdoppelt würden?

3.5 Input-Output-Analyse

3.5.1. Lesen Sie den Aufsatz von Manfred Schöpe "Volkswirtschaftliche Effekte der Erzeugung von Biodiesel zum Einsatz als Kraftstoff", der im ifo Schnelldienst 17/2006 erschienen ist. Am Ende von Seite 24 heißt es darin: "Der Leontief-Multiplikator zeigt, wie sich die Vorleistungsnachfrage der Produktion von Biodiesel auf die Produktion und die Wertschöpfungskomponenten der sonstigen inländischen Produktionsbereiche auswirkt." Erläutern Sie, was sich hinter dem Terminus "Leontief-Multiplikator" verbirgt und welche Effekte in diesem Schritt abgeschätzt werden. Gehen Sie dabei auch auf die zuvor gemachte Einschränkung ein, dass "lediglich die unmittelbar wirksamen ökonomischen Zusammenhänge berücksichtigt" werden.

3.5.2. In der Veröffentlichung "Wirtschaft und Statistik" 8/2009 des Statistischen Bundesamts werden auf S. 736-737 die Effekte der sogenannten Umweltprämie (volkstümlich "Abwrackprämie") diskutiert. Für die Beantwortung der folgenden Fragen sollten Sie auf die Input-Output-Tabelle 2006 zu Herstellungspreisen für inländische Produktion und Importe zurückgreifen (VGR des Bundes - Input-Output-Rechnung - Fachserie 18 Reihe 2 - 2006):

a) Unterstellen Sie zunächst, dass die Abwrackprämie zu einer zusätzlichen Endnachfrage in Höhe von 5 Mrd. Euro in Sektor 34 "Kraftwagen und Kraftwagenteile" geführt hat. Welche Effekte wären dann im Produktionsvolumen dieses Sektors und von Sektor 50 "Handelsleist. mit Kfz;

Rep. an Kfz; Tankleistungen" zu erwarten gewesen? Stellen Sie die einzelnen Schritte Ihres Vorgehens und die einzelnen Berechnungen dar. Die Koeffizienten der invertierten Leontieff-Matrix finden Sie in den Tabellen als "Inverse Koeffizienten" ausgewiesen (d.h. Sie müssen keine Matrizen invertieren).

b) Begründen Sie, warum der Endnachfrageeffekt in Sektor 34 möglicherweise deutlich größer (kleiner) ausgefallen sein könnte als die angenommenen 5 Mrd. Euro.

c) In der Veröffentlichung wird ausgewiesen, dass die Ausgaben für den Kauf von Kraftfahrzeugen durch private Haushalte im ersten Halbjahr 2009 um etwa 6 Mrd. Euro höher ausgefallen sind als im ersten Halbjahr 2008. Was kann daraus in Bezug auf Frage b) geschlossen werden?

d) Gehen Sie weiterhin von einer Erhöhung der Endnachfrage um 5 Mrd. Euro aus. Gibt es Argumente, die für einen deutlich größeren oder kleineren Effekt auf Sektor 50 sprechen als den unter a) berechneten?

3.7 Das lineare Regressionsmodell

3.7.1. In seinem Artikel „Oil production responses to price changes: an empirical application of the competitive model to OPEC and non-OPEC countries" (Energy Economics 24, 2002, S. 97-106) analysiert Harri Ramcharran das Verhalten der wichtigsten Ölförder-Nationen. Für den Zeitraum 1973-1997 schätzt er hierzu Regressionsgleichungen folgender Form:

$$lnQ_t = \alpha + \gamma lnP_t + \beta t + \varepsilon_t .$$

Hierbei bezeichnen:

lnQ : Natürlicher Logarithmus der Ölfördermenge (1000 Barrels/Tag)
lnP : Natürlicher Logarithmus des realen Rohölpreises (US-$/Barrel)
t : Zeitindex

a) Erläutern Sie diesen Schätzansatz: Wie lässt sich diese Spezifikation theoretisch rechtfertigen und welche Rolle spielt hierbei der Parameter γ?

b) Die jeweiligen Schätzergebnisse (auf Basis von Jahresdaten) werden im Text in Tabelle 2 zusammengefasst. Betrachten Sie zunächst das Schätzergebnis für das OPEC-Aggregat und notieren Sie dieses in Gleichungsform. Welches OPEC-Verhalten würden Sie auf Basis dieser Gleichung bei einem Anstieg des realen Rohölpreises um 1% erwarten?

c) Notieren Sie sich im Vergleich hierzu die geschätzte Regressionsgleichung für das Aggregat der Nicht-OPEC-Staaten. Welche Reaktion prognostiziert diese Gleichung für einen 1%-igen Anstieg des realen Rohölpreises?

d) Wie lautet Ramcharrans ökonomische Interpretation angesichts der qualitativ unterschiedlichen Ergebnisse in den Punkten b) und c)?

e) Teilen Sie diese Interpretation oder sehen Sie methodische Vorbehalte? Begründen Sie Ihre Meinung.

3.7.2. In der Studie von H. Legler, B. Gehrke, O. Krawczyk, U. Schasse, C. Rammer, N. Leheyda und W. Sofka "Die Bedeutung der Automobilindustrie für die deutsche Volkswirtschaft im europäischen Kontext" für das Bundesministerium für Wirtschaft und Technologie 2009 wird im siebten Abschnitt eine Regressionsanalyse vorgestellt (S. 125–127), mit deren Hilfe das sogenannte "Premiumsegment" auf dem Pkw-Markt identifiziert werden soll.

a) Die Koeffizienten für die Markendummies Mini, Saab etc. werden als prozentuale Preisaufschläge relativ zur Vergleichsmarke Toyota interpretiert. In welcher Form muss demnach im linearen Regressionsmodell die abhängige Variable spezifiziert sein?

b) Gehen Sie davon aus, dass der Premiumaufschlag für BMW tatsächlich genau den gemessenen 31% entspricht. Kann aus den Ergebnissen der Analyse geschlossen werden, dass der Premiumaufschlag für Mercedes signifikant (zum 5%-Niveau) höher ist? Erläutern Sie Ihre Antwort.

c) In Fußnote 72 auf Seite 125 diskutieren die Autoren, dass statt der Listenpreise die Verwendung tatsächlich gezahlter Neuwagenpreise für die Analyse besser geeignet wäre. Welche Effekte könnten sich in der Schätzung aufgrund der Verwendung der Listenpreise anstelle der tatsächlichen Preise ergeben?

3.9 Qualitative Variable

3.9.1. In ihrer Arbeit „Verbreitung von Betriebsräten und ihr Einfluss auf die betriebliche Weiterbildung" untersuchen Lutz Bellmann und Peter Ellguth (Jahrbücher für Nationalökonomie und Statistik, 226/5, S. 487–504) u.a., welche Faktoren die Existenz eines Betriebsrates für Unternehmen mit 21 bis 100 Beschäftigten bestimmen. Dazu führen sie eine Probit-Schätzung für die abhängige Variable „Betriebsrat" (Betriebsrat existiert durchgängig von 1999 bis 2005 = 1; Betrieb durchgängig ohne Betriebsrat = 0) durch. Die folgende Tabelle 3.1 fasst einige wichtige Ergebnisse der Tabelle 6 auf Seite 499 des Artikels zusammen. Zusätzlich wurden noch Branchendummies mitgeschätzt.

3.9 Qualitative Variable

Tabelle 3.1. Determinanten der Existenz eines Betriebsrates 1999–2005

Variable	Koeffizient	Z-Statistik
Beschäftigtenzahl (logarithmiert)	1.389	7.71
Zweigstelle, Mittelinstanz (Dummy)	0.708	3.68
Einzelunternehm., Personengesell.	-0.384	-1.93
Mitglied in Handwerkskammer	-1.680	-0.88
Ertragslage (1 = gut/sehr gut)	-0.315	-2.14
Technischer Stand (1=gut/sehr gut)	-0.401	-2.48
Frauenanteil	-0.206	-0.57
Anteil gewerblicher Arbeitnehmer	-0.095	-2.85
Anteil qualifizierter Arbeitnehmer	0.094	2.85
Branchentarifvertrag	0.999	5.72
Firmentarifvertrag	1.169	5.07
Siedlungsdichte ($\geq 50\,000$)	0.269	1.62
West/Ost (Westdeutschland = 1)	0.191	0.70
Gründung vor 1990	-0.112	-0.39
Konstante	-6.490	-8.03
Pseudo R^2	0.41	
Beobachtungen	615	

Quelle: Jahrbücher für Nationalökonomie und Statistik, 226/5, S. 499. Eigene Darstellung.

a) Warum modellieren die Autoren die Variable „Betriebsrat" nicht mit einem linearen Regressionsmodell? Nennen Sie mindestens zwei Gründe, die gegen eine derartige Modellierung sprechen.

b) Hat die logarithmierte Beschäftigtenzahl einen signifikant von null verschiedenen Einfluss auf die Existenz eines Betriebsrates? Begründen Sie Ihre Aussage. Welche ökonomischen Mechanismen könnten für das Ergebnis maßgeblich sein?

c) Lässt sich direkt aus den Ergebnissen in der Tabelle ablesen, wie stark die Wahrscheinlichkeit für die Existenz eines Betriebsrates steigt, wenn die Beschäftigtenzahl um 10% steigt? Falls nein, wie ließe sich dieser Effekt quantifizieren (eine grobe Skizze des Vorgehens reicht)?

d) Ist die Wahrscheinlichkeit für das Vorliegen eines Betriebsrates in Ostdeutschland höher als in Westdeutschland? Begründen Sie Ihre Aussage.

e) Betrachten Sie die geschätzten Koeffizienten und Z-Statistiken der beiden Variablen „Anteil gewerblicher Arbeitnehmer" und „Anteil qualifizierter Arbeitnehmer". Welches Problem könnte bei Verwendung dieser oder ähnlicher Variablen bestehen, das hier jedoch nicht vorliegt?

94   Kapitel 3. Textbezogene Aufgaben

3.9.2. Der Artikel von Tony Caporale und Kevin Grier (2005) „How Smart Is my Dummy? Time Series Tests for the Influence of Politics" (Political Analysis 2005/13, S. 77–94) beschäftigt sich mit der Identifikation und Interpretation von Strukturbrüchen in ökonomischen Zeitreihen.

   a) Lesen Sie das erste Kapitel dieses Aufsatzes und schildern Sie in eigenen Worten, welches methodische Problem bei der Modellierung von Strukturbrüchen mittels Dummy-Variablen von den Autoren angesprochen wird (Die Ergebnisse für die Ihnen bislang nicht bekannten HAC-Statistiken sowie für „AR(1) Corrected Coefficient & T stat" können Sie hierbei einfach ignorieren).

   b) Betrachten Sie nun den Beginn des vierten Kapitel dieses Aufsatzes (S. 85f. sowie Tabelle 2 und die ersten drei Spalten von Tabelle 3):
      i. Schildern Sie in eigenen Worten, welcher Zusammenhang von den Autoren hier analysiert wird.
      ii. Zur Interpretation der Ergebnisse in den Spalten zwei bis drei der Tabelle 3: Wie lauten jeweils die geschätzten Modelle? Notieren Sie die geschätzten Modelle in der üblichen Symbolik und ergänzen Sie diese um eine knappe inhaltliche Interpretation der Schätzergebnisse.

3.10 Trend- und Saisonbereinigung

3.10.1. Lesen Sie im Monatsbericht Oktober 2007 der EZB den Kasten 5 auf Seite 50–54 und beantworten Sie dann die folgenden Fragen:
   a) Welche Rolle spielen Maße der Kapazitätsauslastung im Rahmen der Europäischen Geldpolitik?
   b) Welche Rolle spielen Maße der Kapazitätsauslastung in der Konjunkturanalyse? Gehen Sie in Ihren Ausführungen auch auf den Typ des Indikators ein.
   c) Beschreiben Sie die Erhebung des Kapazitätsauslastungsgrades durch die Branchen- und Verbraucherumfrage der Europäischen Kommission. Welche Größe soll dabei ermittelt werden?
   d) Warum werden in Abbildung C (S. 53) Abweichungen vom "Trend" ausgewiesen?

3.10.2. Lesen Sie im Monatsbericht Mai 2014 der Deutschen Bundesbank den Beitrag auf den Seiten 58–59 "Wettereffekte auf das Bruttoinlandsprodukt im Winterhalbjahr 2013/2014" und beantworten dann die folgenden Fragen:

a) Welcher Unterschied besteht zwischen Saison- und Wettereffekte? Werden durch eine Saisonbereinigung auch die Wettereffekte berücksichtigt?

b) Beschreiben Sie das von der Bundesbank beschriebene Verfahren zur Witterungsbereinigung möglichst konkret (am besten unter Zuhilfenahme einer formalen Modelldarstellung). Was könnte sich hinter den in dem Beitrag genannten Begriff der "residualen Wettereinflüsse" verbergen?

c) Wieso könnte das witterungsbedingt höher ausgefallene Wachstum im 1. Quartal 2014 zu geringeren Wachstumsraten in den Folgequartalen führen? Ist dies für 2014 so zu erwarten?

3.10.3. Der Monatsbericht April 2013 der Deutschen Bundesbank enthält auf den Seiten 32–36 einen Einschub zum Thema "Zur Bestimmung des gesamtwirtschaftlichen Trendoutputs in den USA". Bitte lesen Sie diesen Beitrag, um dann auf die folgenden Fragen zu antworten.

a) In dem Artikel werden zwei Methoden beschrieben, um ausgehend von einer Zeitreihe deren Trendkomponente zu bestimmen. Skizzieren Sie kurz das Vorgehen für beide Methoden.

b) In der folgenden Abbildung 3.1 wird für eine der Methoden das Problem der Auswahl des geeigneten Stützzeitraums veranschaulicht. Beschreiben Sie, welchen Einfluss die Auswahl des Stützzeitraums auf die geschätzte Trendkomponente haben kann. Wie stark ist dieser Effekt für das konkrete Beispiel?

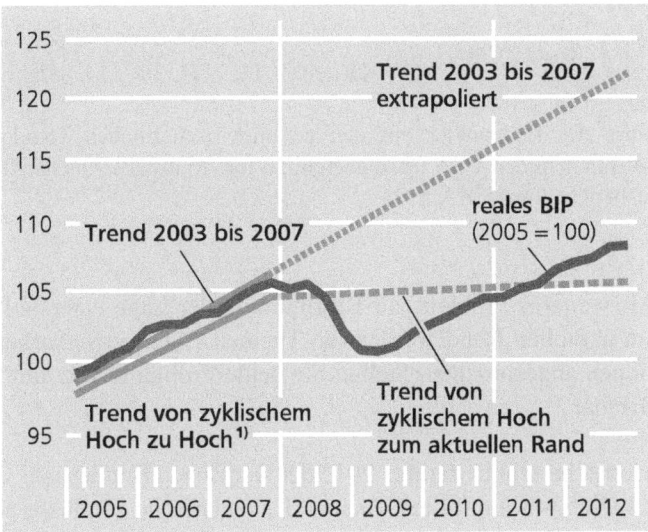

Abb. 3.1. Log-lineare Trends für das reale US-BIP (saisonbereinigt, log. Maßstab), Quelle: Deutsche Bundesbank, Monatsbericht April 2013, S. 33

96   Kapitel 3. Textbezogene Aufgaben

c) Die folgende Abbildung 3.2 illustriert das so genannte Endpunktproblem, das bei Anwendung der zweiten Methode auftreten kann. Beschreiben Sie dieses Problem. Wie groß sind die Effekte für die Messung des Trendoutputs im Jahr 2007? Welche Methode wird vorgeschlagen, um das Ausmaß des Problems zu reduzieren?

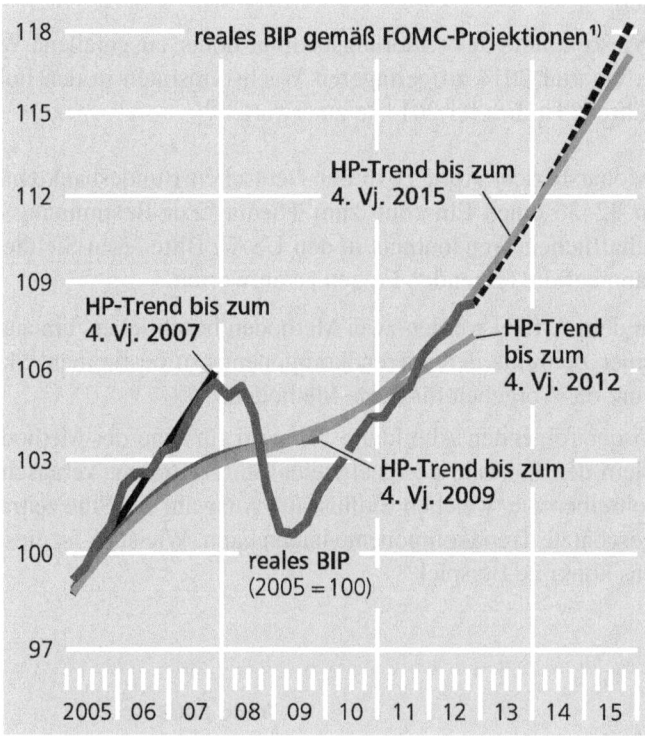

Abb. 3.2. Einluss des Endpunktes auf den gesamtwirtschaftlichen Trendoutput gemäß Hodrick-Prescott-Filter in den USA (saisonbereinigt, log. Maßstab), Quelle: Deutsche Bundesbank, Monatsbericht April 2013, S. 34

d) Als weiteres Problem zur Bestimmung der Lage einer Volkswirtschaft am aktuellen Rand werden die Themen Datenverfügbarkeit und Revisionen angesprochen. Stellen Sie beide Probleme kurz am Beispiel des BIP dar.

3.10.4. Der Monatsbericht Dezember 2012 der Deutschen Bundesbank enthält einen Artikel (S. 53–63) mit dem Thema "Kalendarische Einflüsse auf das Wirtschaftsgeschehen". Bitte lesen Sie diesen Beitrag, um dann auf die folgenden Fragen zu antworten.

a) Erläutern Sie den Unterschied zwischen "Saisonkomponente" und "Kalendereffekt". Welche Konzeption über die Zerlegung einer Zeitreihe liegt dabei dem Beitrag zugrunde?

b) Wie können kalendarische Muster (z.B. Anzahl Werktage in einem Monat) Stromgrößen wie die Industrieproduktion aber auch Bestandsgrößen wie Preise oder täglich fällige Einlagen bei Kreditinstituten beeinflussen?

c) Was versteht man unter der gesamtwirtschaftlichen Arbeitstage-Elastizität? Warum beträgt diese für das reale BIP nur 0,3?

3.11 Dynamische Modelle

3.11.1. Lesen Sie im Monatsbericht September 2009 der Deutschen Bundesbank den Artikel "Die Entwicklung der Kredite an den privaten Sektor in Deutschland während der globalen Finanzkrise" auf den Seiten 17–36 Die folgenden Fragen beziehen sich auf den Kasten auf Seite 25 über die "Ökonometrische Schätzgleichung für die Entwicklung der Kredite an nichtfinanzielle Unternehmen in Deutschland".

a) Welche Gründe sprechen für die von den Autoren gewählte Spezifikation des Zusammenhangs als ADL(1,1)-Modell für die Veränderungsraten?

b) Wenn das BIP-Wachstum um einen Prozentpunkt abnimmt ($\Delta \log BIPR_t = -0{,}01$), um wieviel verändert sich dann die Kreditvergabe an nichtfinanzielle Unternehmen im selben Quartal? Ist dieser Effekt signifikant von null verschieden?

c) Wie groß ist der Langfristeffekt auf die Wachstumsrate der Kreditvergabe für eine dauerhafte Erhöhung des BIP-Wachstums um einen Prozentpunkt?

d) Beschreiben Sie die Testidee des ebenfalls ausgewiesenen LM(1)-Tests (Breusch-Godfrey). Ist die hier gewählte Laglänge von eins für diesen Test angemessen? Erläutern Sie Ihre Aussage.

e) Warum sind die hier benutzten Quartalswachstumsraten für Kredite und BIP der Analyse von Jahreswachstumsraten vorzuziehen?

f) Können aus den vorliegenden Ergebnissen Aussagen über die Entwicklung des Kreditangebotes während der Finanzkrise abgeleitet werden?

3.11.2. Im Monatsbericht Juli 2006 der Deutschen Bundesbank wird auf Seite 21 die Schätzung von Kreditgleichungen für Deutschland beschrieben. Zur Beantwortung eines Teils der folgenden Fragen ist es nötig, dass Sie den gesamten Artikel ab Seite 15 lesen.

a) Erläutern Sie die ökonometrische Spezifikation. Wie lässt sich diese Spezifikation auf Basis der theoretischen Ausführungen im Text rechtfertigen?

b) Um welche der folgenden Variablen müsste man die Spezifikation aufgrund der Ausführungen im Text eigentlich erweitern (jeweils als annualisierte Veränderungsraten): Rohstoffpreise, Ertragslage der Unternehmen, Inflationserwartungen, Konzentration oder Bankensektor?

Warum wird diese Erweiterung Ihrer Meinung nach nicht vorgenommen?

c) Interpretieren Sie die Parameter der Schätzgleichung für "Aggregierte Kredite". Gehen Sie dabei insbesondere auch auf die beiden verzögerten Veränderungen des Kreditvolumens $\Delta \ln K_{t-1}$ und $\Delta \ln K_{t-2}$ ein.

d) Beschreiben Sie quantitativ die Auswirkungen einer dauerhaften Erhöhung des BIP ab Periode $t = 0$ um 1% auf das Kreditvolumen in $t = 0, 1, 2, \ldots, \infty$.

e) Auf Seite 20 werden die Ergebnisse einer so genannten dynamischen In-Sample-Projektion gezeigt. Erläutern Sie genau das Vorgehen zur Berechnung dieser Projektionen. Teilen Sie die Auffassung der Autoren, dass die Zeitpunkte von Auf- und Abschwüngen der Kreditvergabe gut erfasst werden? Wie könnte man die Qualität dieser Anpassung an Auf- und Abschwünge quantifizieren?

3.13 Diagnose und Prognose

3.13.1. Lesen Sie im Monatsbericht Oktober 2006 der Deutschen Bundesbank die Seiten 15–28. In dem Artikel geht es um die Inflationserwartungen des privaten Sektors, die eine große Rolle für die Geldpolitik spielen.

a) Diskutieren Sie, welche unterschiedlichen Quellen zur Messung von Inflationserwartungen in dem Artikel angesprochen wurden, und gehen Sie dabei auf deren Vor- und Nachteile ein. Benutzen Sie dabei auch das Konzept der Validität.

b) Wie lautet das Inflationsziel der EZB und wie kann es begründet werden?

c) Warum sind Inflationsprognosen wichtig für die Geldpolitik?

d) Erläutern Sie die in der Tabelle auf Seite 27 benutzten Maße zur Bewertung der Prognosequalität (außer Granger-Kausalitätstest). Welche Prognose ist demnach für welche Zeiträume/Ländergruppen vorzuziehen? Begründen Sie Ihre Aussage.

e) Was versteht man unter dem Zirkulationsproblem, das auf Seite 27 angesprochen wird?

f) Skizzieren Sie ein rein auf historischen Daten basierendes Vorgehen, um eine Prognose der Inflationsrate für die jeweils nächste Periode zu

3.13 Diagnose und Prognose   99

erhalten. Begründen Sie dabei insbesondere die Auswahl der erklärenden Variablen.

3.13.2. Im Beitrag von Klaus Abberger "ifo Geschäftsklima und Produktionsindex im verarbeitenden Gewerbe" im ifo Schnelldienst 21/2006, S. 42–45, wird untersucht, ob sich Resultate aus den ifo Konjunkturumfragen eignen, um den Produktionsindex zu prognostizieren. Lesen Sie diesen Artikel und beantworten Sie dann die folgenden Fragen.

   a) Welche Anforderungen sind an einen Frühindikator (vorlaufenden Indikator) zu stellen?

   b) Warum werden die ersten beiden von Klaus Abberger aufgeführten Bedingungen von den Indikatoren aus den ifo Umfragen erfüllt? Nennen Sie zwei weitere Indikatoren, die jeweils mindestens eine der genannten Bedingungen erfüllen.

   c) Die Konjunkturkomponente des Produktionsindex wird geschätzt, indem die Ursprungsreihen zweimal mit dem Hodrick-Prescott-Filter bearbeitet werden. Erläutern Sie anschaulich, wie der Hodrick-Prescott-Filter funktioniert und wie man durch zweifache Anwendung (mit unterschiedlichem λ) sowohl langfristige Trends als auch kurzfristige (saisonale) Schwankungen eliminieren kann.

   d) Erläutern Sie, wie die Größe "mittlerer Vorlauf an den Wendepunkten" in der Tabelle auf Seite 44 berechnet wird. Welcher Indikator hat demnach die besten Vorlaufeigenschaften?

   e) Geben Sie ein anderes, nicht im Text angesprochenes Kriterium an, mit dem die Prognosequalität eines Frühindikators überprüft werden könnte. Beschreiben Sie konkret die Schritte, um das von Ihnen vorgeschlagene Maß für die angegebenen Indikatoren zu berechnen.

   f) Worin unterscheidet sich das von Ihnen gewählte Kriterium zur Messung der Prognosegüte von dem im Papier von Klaus Abberger benutzten? Welches Maß wäre Ihrer Meinung nach für welche Anwendung vorzuziehen?

3.13.3. Lesen Sie den Artikel "Unsicherheit von makroökonomischen Prognosen" im Monatsbericht Juni 2010 der Deutschen Bundesbank, insbesondere den Kasten auf den Seiten 40 und 41 und beantworten Sie folgende Fragen

   a) Erläutern Sie den Unterschied zwischen bedingter und unbedingter Prognose. Welche der im Kasten auf den Seiten 40 und 41 vorgestellten Prognosen sind bedingt, welche unbedingt?

   b) Als Benchmark wird unter anderem ein AR(1)-Modell benützt, das "auf der Basis eines rollierenden, 20 Quartale umfassenden Fensters geschätzt" wird. Erläutern Sie das Vorgehen zur Erzeugung dieser Prognose im Detail. Diskutieren Sie dabei auch die Festsetzung der Fenstergröße von 20 Quartalen.

c) Was verstehen die Autoren unter eine Nullschrittprognose? Wann ist eine solche Prognose notwendig?

d) Bestehen Vorteile der Bundesbank-Prognose im Hinblick auf den mittleren absoluten Prognosefehler relativ zu den einfachen Modellen (AR(1)- und RW-Modell)? Sind diese Unterschiede signifikant?

3.13.4. Lesen Sie im Monatsbericht September 2018 der Deutschen Bundesbank die Seiten 16–19. In dem Artikel geht es um Anforderungen an Modelle zur kurzfristigen Konjunkturprognose.

a) Welche Probleme treten bei der Veröffentlichung von Konjunkturindikatoren auf und wie kommt es zu dem Phänomen, das im Beitrag als "zerfranster Rand" beschrieben wird?

b) Welche Anforderungen an Prognosemodelle werden im Beitrag angesprochen?

Teil II

Musterlösungen zu ausgewählten Aufgaben

4 Musterlösungen zu Multiple-Choice-Aufgaben

In diesem Kapitel finden Sie alle Musterlösungen zu den Multiple-Choice-, Wahr oder Falsch- und Ergänzungsfragen. Zu einigen Lösungen gibt es auch kurze ergänzende Erläuterungen. Die Musterlösungen dienen der Überprüfung der eigenen Leistung. Sie sollten versuchen, die Aufgaben selbstständig oder unter Zuhilfenahme eines Lehrbuchs zu lösen, bevor Sie in den Musterlösungen nachschlagen. Die Nummerierung der Lösungen entspricht der Nummerierung der Aufgaben.

1.1 Aufgabe und Prinzip der empirischen Wirtschaftsforschung

1.1.1. b)

1.1.2. b)

1.1.3. c)

1.1.4. d)

1.1.5. a)

1.1.6. d)

1.1.7. c)

1.2 Datenbasis der empirischen Wirtschaftsforschung

1.2.1. d)

1.2.2. a)

1.2.3. b)

1.2.4. Validität; Objektivität; Paneldaten

1.2.5. Wahr

1.2.6. Falsch

1.2.7. Wahr

1.2.8. Wahr

1.2.9. Unschärferelation; Revisionen

1.2.10. c)

1.2.11. a)

1.2.12. Falsch

1.2.13. d) – Lösungsoption a) klingt zwar sehr ähnlich, bezieht sich aber nur auf die Befragten. Da in der Regel ein Teil der Befragten nicht antwortet, unterscheidet sich die Verteilung von Alter und Geschlecht in der Stichprobe dann dennoch von denen der Grundgesamtheit.

1.2.14. Falsch, da nicht davon ausgegangen werden kann, dass alle Befragten auch antworten und dieses "non response" möglicherweise nicht zufällig ist, sondern von für die Untersuchung relevanten Größen abhängen kann.

1.2.15. b) – Lösungsoptiopn d) ist nicht korrekt, da es bei der Repräsentatitivität nicht um die Größe der Stichprobe geht. Solange diese keine vollständige Abdeckung der Grundgesamtheit bietet, besteht die Gefahr einer selektiven Stichprobe und damit fehlender Repräsentativität. In der Praxis tritt das Problem bei großen Stichproben jedoch seltener auf.

1.2.16. c) Für die konkrete Entscheidungssituation werden insbesondere vorlaufende Variablen benötigt, so dass D die erste Wahl ist. Offensichtlich haben A und B kaum Informationsgehalt und E überhaupt nicht.

1.3 Datenaufbereitung

1.3.1. (lineare) Interpolation; Extrapolation; Elastizität

1.3.2. c)

1.3.3. d)

1.3.4. Falsch. Diese Additivität ist allerdings bei der Verwendung von logarithmischen Wachstumsraten $\Delta ln(x) = ln(x_t) - ln(x_{t-1})$ gegeben.

1.3.5. Wahr

1.3.6. Laspeyres; Paasche

1.3.7. d)

1.3.8. Wahr

1.3.9. Falsch, da es auch so genannte "unechte Quoten" gibt. Dies ist z.B. im Fall der Exporte der Fall, die definitorisch keine Teilmenge des BIP sind (dies trifft nur für den Außenhandelsüberschuss, also Exporte minus Importe zu). Auch die Staatsschuldenquote ist eine "unechte Quote", die eine Bestandsgröße (Staatsschulden) ins Verhältnis zu einer Stromgröße (BIP) setzt, so dass sich Quoten über 1 (also über 100%) für viele Länder beobachten lassen.

1.4 Wirtschaftsindikatoren

1.4.1. Plausibilität; Konformität

1.4.2. c)

1.4.3. c)

1.4.4. a)

1.4.5. c)

1.4.6. a)

1.4.7. b)

1.4.8. Falsch

1.4.9. a)

1.4.10. Kerninflation; Meldequote oder Einschaltungsgrad; Abgänge aus der Arbeitslosigkeit

1.4.11. d)

1.4.12. Wahr

1.4.13. d)

1.4.14. d)

1.4.15. b)

1.4.16. Falsch

1.4.17. Lohnquote; Lorenzkurve

1.4.18. c)

1.4.19. b)

1.4.20. b)

1.4.21. Falsch

1.5 Input-Output-Analyse

1.5.1. d)

1.5.2. Outputkoeffizient; Inputkoeffizient

1.5.3. Wahr

1.5.4. a)

1.5.5. b)

1.5.6. c)

1.5.7. Wahr

1.6 Das ökonometrische Modell

1.6.1. c)

1.6.2. b)

1.6.3. d)

1.6.4. Falsch

1.7 Das lineare Regressionsmodell

1.7.1. Falsch, denn es gilt für dieses lineare Modell:

$$\min_{\hat{\beta}} \sum_{t=1}^{T} \hat{\varepsilon}_t^2 = \sum_{t=1}^{T} (Y_t - \hat{\beta})^2$$

$$\Leftrightarrow \frac{\partial (\sum_{t=1}^{T} (Y_t - \hat{\beta})^2)}{\partial \hat{\beta}} = -2 \sum_{t=1}^{T} (Y_t - \hat{\beta}) = 0$$

$$\Leftrightarrow \hat{\beta} = \frac{1}{T} \sum_{t=1}^{T} Y_t = \overline{Y}$$

1.7.2. unverzerrter / erwartungstreuer; effizient

1.7.3. d)

1.7.4. Wahr

1.7.5. d) Das Bestimmtheitsmaß ist definiert als:

$$R^2 = 1 - \frac{\sum_{i=1}^{n}(Y_i - \hat{Y}_i)^2}{\sum_{i=1}^{n}(Y_i - \overline{Y})^2}$$

R^2 ist genau dann 0, wenn Zähler und Nenner gleich sind. In diesem Fall hat die Gerade keine Steigung ($\beta_2 = 0$). Es besteht somit kein linearer Zusammenhang.

1.7.6. a)

1.7.7. Wahr

1.7.8. c)

1.7.9. Falsch

1.7.10. b)

1.7.11. b)

108   Kapitel 4. Musterlösungen Multiple-Choice-Aufgaben

1.7.12. Falsch. Die t-Statistik unter der Nullhypothese lässt sich wie folgt berechnen:
$$t = \frac{\hat{\beta}_i - 1}{\sqrt{\widehat{V(\hat{\beta}_i)}}} = \frac{0.978 - 1}{0.0075} = -2.9333$$

Bei einem Signifkanzniveau von $\alpha = 0.05$ ergibt sich somit ein Ablehnungsbereich
$$[-\infty, -1.96] \wedge [1.96, +\infty].$$

Da $t \in [-\infty, -1.96]$ können wir die Nullhypothese ablehnen.

1.7.13. Wahr. Die t-Statistik unter der Nullhypothese lässt sich wie folgt berechnen:
$$t = \frac{\hat{\beta}_i - 1}{\sqrt{\widehat{V(\hat{\beta}_i)}}} = \frac{0.07 - 0.1}{0.025} = -1.2$$

Bei einem Signifkanzniveau von $\alpha = 0.05$ ergibt sich somit ein Ablehnungsbereich
$$[-\infty, -1.96] \wedge [1.96, +\infty].$$

Da $t \notin [-\infty, -1.96]$ können wir die Nullhypothese **nicht** ablehnen.

1.7.14. c)

1.7.15. a)

1.7.16. c)

1.7.17. Bestimmtheitsmaß/R^2, F

1.7.18. a) Die Werte für das R^2 der simulierten Beispiele betragen 0.0645 (A), 0.9235 (B), 0.5305 (C) und 0.0006 (D).

1.8 Residuenanalyse und Überprüfung der Modellannahmen

1.8.1. c)

1.8.2. Wahr

1.8.3. Falsch, denn möglich sind auch Autokorrelationen höherer Ordnung oder nichtlineare Abhängigkeiten.

1.8.4. Falsch. Dies ist ein Anzeichen für Heteroskedastie der Fehlerterme.

1.8.5. Durbin-Watson-Test; White; Breusch-Godfrey

1.8.6. d)

1.9 Qualitative Variable

1.9.1. a)

1.9.2. c) In diesem Beispiel würde die X Matrix wie folgt aussehen:

$$\mathbf{X} = \begin{pmatrix} 1 & 1 & 0 & \text{ALTER}_1 & \text{GIESSEN}_1 \\ 1 & 0 & 1 & \text{ALTER}_2 & \text{GIESSEN}_2 \\ \vdots & \vdots & \vdots & \vdots & \vdots \\ 1 & 0 & 1 & \text{ALTER}_i & \text{GIESSEN}_i \end{pmatrix}.$$

Diese Matrix hat nicht den vollen Spaltenrang, da die ersten drei Spalten nicht linear unabhängig sind. Die erste Spalte lässt sich stets als Summe der zweiten und dritten Spalte schreiben. Somit existiert $(X'X)^{-1}$ nicht und die Koeffizienten können nicht eindeutig bestimmt werden.

1.9.3. Wahr

1.9.4. d)

1.9.5. c)

1.9.6. Wahr. Im linearen Wahrscheinlichkeitsmodell lassen sich die Koeffizienten als partielle Ableitungen der Wahrscheinlichkeiten nach den erklärenden Variablen interpretieren.

1.9.7. c)

1.9.8. d)

1.9.9. b)

1.9.10. b) – Wenn es sich um ein lineares Wahrscheinlichkeitsmodell handeln würde, für das die Koeffizientenschätzer in der Tabelle angegeben werden, könnte man den Effekt einer Erhöhung des Einkommens um 1% berechnen: `ln(Income)` würde dann um 0.01 steigen, die Wahrscheinlichkeit um $0.01 \cdot 0.095$.

1.9.11. c)

1.10 Trend- und Saisonbereinigung

1.10.1. d) Die Größe der wöchentlichen Ausschläge (niedrigere Werte am Wochenende) hängt offenbar vom Niveau der Reihe ab.

1.10.2. Wahr

1.10.3. b)

1.10.4. c)

1.10.5. Endpunktproblem; Berliner / BV4.1

1.10.6. c)

1.10.7. d)

1.10.8. a)

1.11 Dynamische Modelle

1.11.1. c)

1.11.2. c) Die allgemeine Form des Fehlerkorrekturmodells kann wie folgt dargestellt und umformuliert werden:

$$\begin{aligned}\Delta(\text{BENZIN})_t &= \beta_0 + \beta_1 \Delta(\text{OEL})_t - \gamma(\text{BENZIN}_{t-1} - \alpha_1 \text{OEL}_{t-1}) + \varepsilon_t \\ &= \beta_0 + \beta_1 \Delta(\text{OEL})_t - \gamma \text{BENZIN}_{t-1} + \gamma\alpha_1 \text{OEL}_{t-1} + \varepsilon_t \\ &= \beta_0 + \beta_1 \Delta(\text{OEL})_t + \beta_2 \text{BENZIN}_{t-1} + \beta_3 \text{OEL}_{t-1} + \varepsilon_t\end{aligned}$$

Aus dem Fehlerkorrekturmodell folgt, dass der Schätzer β_2 ein negatives Vorzeichen haben muss. Der Schätzer des Parameters für das langfristige Gleichgewicht muss aus den Schätzern berechnet werden. Es folgt:

$$\hat{\alpha}_1 = \frac{\hat{\beta}_3}{-\hat{\beta}_2} = \frac{0.007}{-(-0.25)} = 0.028$$

1.11.3. Informations; 6; Fehlerkorrekturmodell

1.11.4. a)

1.12 Nichtstationarität und Kointegration

1.12.1. c)

1.12.2. Wahr

1.12.3. Falsch

1.12.4. a)

1.12.5. (Kovarianz)Stationär; ADF; Kointegrationsbeziehung

1.12.6. a)

1.12.7. Fehlerkorrekturmodell; Repräsentationstheorem; Scheinkorrelation / Spurious Correlation

1.12.8. Falsch

1.13 Diagnose und Prognose

1.13.1. c)

1.13.2. a)

1.13.3. Falsch

1.13.4. Theilscher Ungleichungskoeffizient (Theil's U); Evaluations; Diebold-Mariano

1.13.5. b)

1.13.6. Wahr

1.13.7. a)

5
Musterlösungen zu Übungs- und Klausuraufgaben

In diesem Kapitel finden Sie Musterlösungen oder Lösungshinweise zu den Übungs- und Klausuraufgaben. Bitte beachten Sie, dass es zu vielen Aufgaben nicht nur eine richtige Lösung geben kann, z.B. wenn nach Beispielen gefragt wird. Die Musterlösungen dienen der Überprüfung der eigenen Leistung. Sie sollten daher versuchen, die Aufgaben zunächst selbstständig zu lösen, bevor Sie in den Musterlösungen nachschlagen. Die Nummerierung der Lösungen entspricht der Nummerierung der Aufgaben.

2.1 Aufgabe und Prinzip der empirischen Wirtschaftsforschung

2.1.1. Im Rahmen des deduktiv-induktiven Ansatzes der Wirtschaftsforschung lassen sich folgende typischen Schritte beschreiben: Zunächst wird aus der Beobachtung realer Phänomene durch **Abstraktion** eine **Theorie** hergeleitet, wobei in diesem Kontext der Begriff „Theorie" eher weit gefasst ist, also nicht beschränkt auf mathematisch-formale Modelle. Bei der Theoriebildung kommt es darauf an, die wesentlichen Aspekte des betrachteten Zusammenhangs zu erfassen, ohne dass diese durch ein Zuviel an Details verborgen werden. Durch **logische Ableitungen** innerhalb des theoretischen Modells können **Schlussfolgerungen** gezogen werden, die durch **Interpretation** von der abstrakten Ebene des Modells zurückgeführt werden auf **Folgerungen für die realen Phänomene**. Dabei kann es sich beispielsweise um Aussagen zu Wirkungskanälen, Multiplikatoreffekten oder Elastizitäten handeln. Die ökonometrischen Verfahren (im engeren Sinne) dienen dann der **Evaluation** dieser Schlussfolgerungen, d.h. der Klärung der Frage, ob die Schlussfolgerungen und die realen Phänomene im Einklang miteinander stehen oder nicht. Sind Schlussfolgerungen und beobachtete reale Erscheinungen vereinbar, kann das hergeleitete Modell zumindest nicht verworfen werden.

Aus dieser Darstellung wird deutlich, dass im Rahmen einer ökonometrischen Analyse (im weiteren Sinne) immer ein enges Zusammenspiel zwischen ökonomischer Modellierung, realen Phänomenen, die sich in Daten niederschlagen, und passenden statistischen Verfahren notwendig ist.

2.1.2. Keine Musterlösung.

Lösungshinweis: Sie finden Hinweise zur Beantwortung dieser Frage auf S. 3 des Lehrbuchs "Empirische Wirtschaftsforschung und Ökonometrie" (SpringerGabler, 2017, 4. Aufl.).

2.1.3. Keine Musterlösung.

Lösungshinweis: Entscheidend ist, dass Sie erkennen, dass Ungleichheit der Einkommen neben einer möglichen Wirkung auf das Wirtschaftswachstum auch eine Reihe weiterer Implikationen hat. Damit werden beispielsweise auch Fragen nach Chancengleichheit oder der ethischen Vertretbarkeit sehr geringer Einkommen aufgeworfen. Diese können nicht allein mit Mitteln der empirischen Wirtschaftsforschung beantwortet werden.

2.2 Datenbasis der empirischen Wirtschaftsforschung

2.2.1. a) Bezeichne C_t die Anzahl der neu registrierten Infektionen am Tag t. Dann ist die Gleichung für einen linearen Trend durch $C_t = \alpha_0 + \alpha_1 t$ gegeben. Dabei entspricht α_1 der täglichen Veränderung von C_t. Diesen Wert können Sie direkt berechnen, indem Sie den gesamten Zuwachs von $23\,399 - 2\,503 = 20\,896$ durch die Anzahl der Tage dazwischen (37) teilen. Es ergibt sich $\alpha_1 = 564,76$. Ausgehend vom Wert am 7.11.2020 ergibt sich die Prognose für den 24.12.2020, indem Sie zum Ausgangswert von $23,399$ den Zuwachs pro Tag $(564,76)$ multipliziert mit der Anzahl der dazwischen liegenden Tage (47) addieren. Es ergibt sich (auf eine ganze Zahl gerundet) ein prognostizierter Wert von $49\,943$ (der tatsächliche Wert lag bei $32\,195$). Für Ostern ergibt dieselbe Rechnung mit dann 148 Tagen ab dem 7.11.2020 einen Wert von $106\,983$ (tatsächlicher Wert: 9677).

Alternativ können die Parameter α_0 und α_1 auch als Lösung des folgenden linearen Gleichungssystems erhalten werden (wobei davon ausgegangen wird, dass der 1.10.2020 Tag 275 und entsprechend der 7.11.2020 Tage 312 des Jahres ist):

$$2503 = \alpha_0 + \alpha_1 \cdot 275$$
$$23399 = \alpha_0 + \alpha_1 \cdot 312$$

Die Werte für Heilig Abend und Ostern ergeben sich dann durch Einsetzen von $t = 359$ bzw. $t = 460$ (jeweils Zählung ab dem 1.1.2020).

b) Ein exponentieller Trend würde durch $C_t = \beta_0 e^{\beta_1 t}$ beschrieben. Durch Logarithmieren (mit dem natürlichen Logarithmus ln) erhält man $\ln(C_t) = \ln(\beta_0) + \beta_1 t$. Das weitere Vorgehen folgt dann genau dem für den linearen Trend, so dass sich auf einem der beiden gezeigten Wege ein Wert für β_1 von $0,0603$ ergibt, was einer täglichen Zunahme um $6,03\%$ entspräche. Ausgehend vom Wert $\ln(23\,399)$ am 7.11.2020 erhält man die Prognose für den logarithmierten Wert am 24.12.2020 als $\ln(23\,399) + 0,0603 \cdot 47 = 12,8945$. Damit ist $e^{12,8945}$ die Prognose für den Wert selbst, der über $398\,000$ liegt. Für Ostern erhält man mit derselben Berechnung bereits eine Zahl von fast 176 Millionen.

c) Zumindest im zweiten Fall wird offensichtlich, dass die rein mechanische Fortschreibung (Extrapolation) von Trends nicht unbedingt plausibel ist. Eine Anzahl von 176 Millionen neu nachgewiesenen Infektionen in Deutschland an einem Tag ist rein rechnerisch ja offensichtlich nicht möglich. Obwohl die Annahme eines exponentiellen Wachstums das Pandemiegeschehen kurzfristig ganz gut beschreiben kann, fehlt die Berücksichtigung weiterer Faktoren, die auf mittlere und längere Frist Wirkung entfalten. Hierzu gehören im konkreten Fall Verhaltensveränderungen in der Bevölkerung und politische Vorgaben als Reaktion auf steigende Infektionsraten ebenso wie – zumindest bei sehr hohen kumulierten Infektionsraten – die zunehmende Immunität der bereits zuvor Erkrankten. Sollen derartige Faktoren berücksichtigt werden, reicht eine einfache Extrapolation nicht mehr aus.

2.2.2. Um ausgehend von den zu beschreibenden realen Phänomenen zur Gewinnung konkreter Daten zu gelangen, ist es wichtig, die einzelnen Schritte auf dem Weg vom realen Phänomen zu konkreten Zahlen zu prüfen, d.h. insbesondere das theoretisches Konzept, die messbaren Attribute, die Messung und Aufbereitung. Diese Schritte sind jeweils wieder im Hinblick auf Validität, Reliabilität und Objektivität zu bewerten.

Am Beispiel der Arbeitslosenquote wird deutlich, dass es eine häufig mehrere mögliche Herangehensweisen gibt, die durchaus zu unterschiedlichen Messwerten führen können. Dabei unterscheiden sich die Ansätze nicht nur in den Messverfahren, sondern bereits bei der Operationalisierung des Konzepts der Arbeitslosigkeit.

Wir betrachten in Tabelle 5.1 konkret zwei Konzepte für die Messung der Arbeitslosigkeit, das Konzept der Bundesagentur für Arbeit (BA) und das der International Labour Organization (ILO). Gemeinsam haben die beiden Konzepte, dass vier Kriterien erfüllt sein müssen, damit eine Person als arbeits-/erwerbslos gilt: Beschäftigungslosigkeit, Erwerbsfähigkeit, aktive Arbeitssuche und Verfügbarkeit auf dem Arbeitsmarkt. Betrachtet man jedoch die unterschiedlichen Definitionen und Messweisen der beiden Konzept, ist gut nachvollziehbar, warum beide Konzepte zu verschiedenen Arbeitslosen/Erwerbslosenzahlen gelangen. Bereits die unterschiedlichen Begriffe "Arbeitslose" versus "Erwerbslose" weisen auf Unterschiede in der Abgrenzung der beiden Kennzahlen hin. Außerdem liegt auch eine unterschiedliche Sichtweise auf die bestehende Unterbeschäftigung zugrunde: Während die Perspektive der BA auch sozialpolitisch geprägt ist, fokussiert die ILO primär auf die unmittelbare ökonomische Dimension.

Tabelle 5.1. Vergleich des BA- und ILO-Konzepts zur Messung der Arbeitslosigkeit.

	BA-Konzept	ILO-Konzept
Reale Phänomene	Arbeitslose	Erwerbslose
Theoretisches Konzept (Arbeitslosigkeit liegt vor,...)	wenn eine Beschäftigung von weniger als 15 Wochenstunden ausgeübt wird	wenn weniger als eine Wochenstunde gearbeitet wird
Messbare Attribute	gemeldete Personen vom 15. bis zum für die Regelaltersrente erforderlichen Lebensjahr (derzeit 65)	befragte Personen im Alter von der Vollendung des 15. bis zur Vollendung des 75. Lebensjahres
Messung	Meldung/Registrierung bei der BA, einer Arbeitsgemeinschaft oder Optionskommune. Es handelt sich hierbei um eine Totalerhebung und einen Stichtagswert	monatliche, telefonische Bevölkerungsbefragung. Es handelt sich hierbei um eine Stichprobe und einen Monatsdurchschnitt
Daten	Zahl der Arbeitslosen	Zahl der Erwerbslosen

2.2.3. Die Eigenschaften von Daten können unter den drei Stichpunkten Objektivität, Reliabilität und Validität zusammengefasst werden. Objektivität bezeichnet dabei die Unabhängigkeit der Messergebnisse von ihrem Beobachter. Reliabilität der Daten ist dann gegeben, wenn wiederholte Messungen zu identischen Ergebnissen führen und unter Validität versteht man, dass die Daten tatsächlich reale Phänomene auf Basis des vorgegebenen theoretischen Konzepts beschreiben.

2.2.4. Eine zusammenfassende Bewertung der drei Messverfahren im Hinblick auf die Kriterien der Objektivität, Reliabilität und Validität liefert Tabelle 5.2.

Tabelle 5.2. Bewertung bezüglich Objektivität, Reliabilität und Validität.

Verfahren	Kriterium		
	Objektivität	Reliabilität	Validität
Gespräch	Nur bedingt, da von Person abhängig, die das Gespräch führt.	Gegeben, falls immer gleiche Person mit detailliertem Gesprächsleitfaden arbeitet.	Abhängig von der Qualifikation der Person, die das Gespräch führt; bei wechselnden Personen in der Regel nicht
Quizshow	Ja, da zufällige Auswahl unabhängig von durchführender Person.	Nein, da bei Wiederholung andere Frage.	Nein, da Konzept nicht angemessen abgebildet wird.
IQ-Test	Ja, da unabhängig vom Beobachter	Weitgehend, da ähnliche Ergebnisse bei wiederholter Durchführung	Ja bei geeignetem Test

2.2.5. Keine Musterlösung.

Lösungshinweis: Nehmen Sie bei der Beantwortung der Frage Bezug auf die verschiedenen Dimensionen der Datenqualität, die nicht ohne Weiteres in einem eindimensionalen Indikator zusammen gefasst werden können. Erläutern Sie außerdem, warum die Datenqualität auch von der Anwendung abhängt, für die Daten benutzt werden sollen. Der Bezug auf ein konkretes Beispiel ist möglicherweise hilfreich.

2.3 Datenaufbereitung

2.3.1. a) Dem Warenkorb nach Laspeyres liegen die folgenden Annahmen zugrunde: Die Gewichtung der Güter im Warenkorb sowie die Qualitäten der Güter im Warenkorb bleiben über die Zeit hinweg konstant. Eine Veränderung des Preisindex nach Laspeyres gegenüber dem jeweiligen Basisjahr wird entsprechend auf eine Veränderung der Preise der Güter im Warenkorb zurückgeführt und nicht etwa auf eine Veränderung der Warenkorbzusammensetzung oder auf eine Verbesserung der Qualität der im Warenkorb enthaltenen Güter. Der Vorteil des Laspeyres-Preisindex liegt somit in seiner konzeptionellen Einfachheit. Die Gewichtungen der einzelnen Güter im Warenkorb müssen theoretisch nur ein einziges Mal, nämlich im Basisjahr, ermittelt werden. Weiterhin ist durch den konstant gehaltenen Warenkorb eine sehr gute Vergleichbarkeit der Indexstände zum gleichen Basisjahr über die Zeit hinweg gegeben. Praktisch wird der Warenkorb jedoch regelmäßig sowohl hinsichtlich der verwendeten Gewichte als auch hinsichtlich der berücksichtigten Güter aktualisiert, um als repräsentativ für das aktuelle Preisgeschehen gelten zu können. Der Warenkorbeffekt, weitläufig auch als Substitutionseffekt bezeichnet, ist die Tendenz des Preisindex nach Laspeyres, einen Preisanstieg tendenziell zu überschätzen. Begründet ist diese tendenzielle Überschätzung des Preisanstiegs in den als konstant angenommenen Gewichtungen der Güter im Warenkorb, da hierbei die Möglichkeit der Konsumenten, ein teurer gewordenes Gut durch ein preisstabiles oder sogar günstiger gewordenes Gut zu ersetzen, vernachlässigt wird. So kann ein Konsument beispielsweise anstelle von teurer gewordenen Äpfeln die günstiger gewordenen Birnen kaufen. Seine Lebenshaltungskosten bleiben damit trotz der teurer gewordenen Äpfel konstant oder vergünstigen sich sogar, da er schlicht weniger Äpfel und mehr Birnen kauft. Durch die konstanten Gewichtungen im Warenkorb nach Laspeyres kann die Substitution von Äpfeln zu Birnen nicht berücksichtigt werden, womit der gemessene Anstieg der Lebenshaltungskosten höher ist als der tatsächliche Anstieg der Lebenshaltungskosten für den Konsumenten.

b) Die Berücksichtigung von Qualitätsänderungen ist für die Berechnung von Preisindizes von zentraler Bedeutung. Insbesondere technische Güter, wie beispielsweise Computer, unterliegen einer sehr schnellen Entwicklung und es ist nahezu unmöglich, diese Güter über einen längeren Zeitraum in gleichbleibender Qualität zu beobachten. Würde die ständige Qualitätsverbesserung bei der Berechnung der Preisindizes nicht berücksichtigt werden, hätte dies eine Verzerrung der Preisindizes mit einer Tendenz zur Überschätzung des Preisanstiegs zur Folge. Zur Verhinderung dieser Verzerrung werden sogenannte hedonische Methoden in der amtlichen Statistik eingesetzt. Ziel hierbei ist es, eine Qualitätsbereinigung durchzuführen, d.h. den Preisanstieg, der durch die

Qualitätsverbesserung erklärt werden kann, aus dem Preisindex herauszurechnen. Hierzu wird das jeweilige Gut gedanklich in seine Qualitätseigenschaften zerlegt. Im Falle des Computers könnten dies beispielsweise die CPU-Leistung, die Festplattengröße und der Arbeitsspeicher sein. Mit Hilfe der Regressionsanalyse wird dann der Einfluss dieser Qualitätseigenschaften auf den Preis des Computers ermittelt. Somit ist es möglich, den veränderten Preis des Computers um den Preisanstieg, der beispielsweise durch eine Verdopplung der Festplattengröße zustande kommt, zu bereinigen.

c) Die Verwendung von hedonischen Preisindizes führt tendenziell zu niedrigeren Inflationsraten, da die Qualitätszuwächse in diesem Bereich oftmals größer sind als die zu verzeichnenden, unbereinigten Preisanstiege. So kann beispielsweise beobachtet werden, dass sich der Preis pro Gigabyte Festplattenspeicher über die Zeit hinweg sogar verringert hat. Ökonomisch kam es somit zu einem Preisrückgang. Die Verwendung der hedonischen Methoden zur Inflationsmessung ist dann nicht valide, wenn es nicht möglich ist, den Einfluss der Qualitätseigenschaften eines Guts auf dessen Preis zu messen. Dies ist beispielsweise der Fall, wenn Preise staatlich reguliert sind. Vorstellbar wäre in diesem Kontext eine Deckelung der regionalen Wohnungsmietpreise. So bestimmt sich der Mietpreis einer Wohnung hier nicht allein durch ihre Lage, Wärmedämmung und einen besonders vorteilhaften Schnitt bzw. anhand der Preise, die Konsumenten bereit sind, für diese Qualitätsmerkmale zu zahlen. Tatsächlich wird der Mietpreis auf Basis von staatlichen Vorgaben festgesetzt, was eine Messung des Einflusses der Qualitätsmerkmale auf den Mietpreis nicht möglich macht.

2.3.2. Die folgende Tabelle liefert die Ergebnisse zu Aufgabenteilen a) und c).

Jahr	2010	2011	2012	2013	2014	2015	2016	2017	2018	2019	2020
$P^{VPI}_{2015=100}$	93,2	95,2	97,1	98,5	99,5	100	100,5	102,0	103,8	105,3	105,8
$P^{VPI}_{2010=100}$	100	102,2	104,2	105,7	106,8	107,3	107,8	109,4	111,4	113,0	113,5
Inflation %	-	2,15	1,99	1,45	1,01	0,51	0,49	1,49	1,76	1,45	0,48
Quelle: Statistisches Bundesamt; Datenbank GENESIS-Online; Tabelle: 61111-0001											

b) Beispiel Rechnung: $P^{VPI}_{2015=100}(2013) = \frac{105,69 \cdot 93,2}{100} = 98,5$

2.3.3. Tabelle 5.3 präsentiert die zu berechnende „lange Reihe" des deutschen Lohnstückkostenindex. Dabei ist darauf zu achten, dass die Werte in Basis 1981 jeweils durch den Wert dieser Reihe aus 1991 geteilt und dann mit 100 multipliziert werden, während die Beobachtungen mit Basisjahr 2015 durch den Wert für 1991 aus dieser Reihe zu dividieren war. Als Ergebnis weisen beide Reihen für das Jahr 1991 den Indexwert 100 aus, so dass sie verknüpft werden können.

Tabelle 5.3. Indizes der Lohnstückkosten

Jahr	$I^{BRD}_{1991=100}$	Jahr	$I^{D}_{1991=100}$	Jahr	$I^{D}_{1991=100}$	Jahr	$I^{D}_{1991=100}$
1981	82,4	1991	100,0	2001	116,4	2011	124,1
1982	85,8	1992	106,8	2002	117,4	2012	128,3
1983	86,4	1993	111,3	2003	119,0	2013	131,0
1984	87,2	1994	112,2	2004	118,4	2014	132,7
1985	88,6	1995	114,8	2005	117,8	2015	135,4
1986	90,9	1996	115,3	2006	115,0	2016	137,0
1987	93,4	1997	114,2	2007	114,6	2017	138,5
1988	93,7	1998	114,4	2008	117,6	2018	142,3
1989	94,3	1999	115,5	2009	125,9	2019	146,9
1990	96,5	2000	116,6	2010	123,9	2020	153,0
1991	100,0						

Quelle: Sachverständigenrat und Statistisches Bundesamt; Datenbank GENESIS-Online; Tabelle: 81000-0017

2.3.4. Keine Musterlösung.

Lösungshinweis: Die Berechnung der Jahreswachstumsraten kann über die übliche Formel $\frac{x_t - x_{t-1}}{x_{t-1}}$ oder als Differenz der natürlichen Logarithmen von x_t und x_{t-1} erfolgen. Beim Vergleich geht es darum festzustellen, ob Löhne oder Preise schneller steigen. Falls die logarithmischen Wachstumsraten benutzt werden, entspricht die Differenz aus Wachstumsrate der Löhne und der Preise gerade der Entwicklung der Reallöhne.

2.4 Wirtschaftsindikatoren

2.4.1. a) Die Europäische Zentralbank hat Preisniveaustabilität als höchstes Ziel ausgegeben. Preisstabilität wird dabei definiert als ein Anstieg des Harmonisierten Verbraucherpreisindex (HVPI) gegenüber dem Vorjahr für das Euro-Währungsgebiet von nahe 2%. Der Toleranzbereich ist mit 0-2% ausgewiesen. Dieser positive Wert wird gewählt, um Messungenauigkeiten bei der Bestimmung des HVPI Rechnung zu tragen, die tendenziell zu einer Überschätzung der tatsächlichen Inflationsrate führen. Zu nennen wären hier der Warenkorbeffekt, Verbesserung der Qualität von Produkten oder die fehlende Berücksichtigung stark fallender Preise bei neu eingeführten Produkten. Da außerdem der betrachtete HVPI den Durchschnitt der Inflationsraten aller Euro-Länder angibt, würde eine angestrebte Inflationsrate von genau 0% dazu führen, dass zumindest in einigen Ländern tatsächlich negative Inflationsraten (Deflation) akzeptiert werden müssten.

b) In der Makroökonomik wird zwischen zwei Maßen zur Berechnung des Preisniveaus unterschieden: BIP-Deflator und Verbraucherpreisindex.

Der BIP-Deflator P_t soll die durchschnittliche Preisentwicklung für alle im BIP erfassten wirtschaftlichen Aktivitäten ausdrücken. Er berechnet sich als

$$P_t = \frac{nominales\ BIP}{reales\ BIP}.$$

Dabei wird das *nominale* BIP zum Preisniveau des Berichtsjahres berechnet, hingegen das *reale* BIP zu Preisen des Basisjahres. Somit misst der BIP-Deflator die Preisentwicklung zwischen dem aktuellen Berichtsjahr und dem Basisjahr. Folglich ist die Inflationsrate (π_t) für eine Periode

$$\pi_t = \frac{(P_t - P_{t-1})}{P_{t-1}}.$$

Demgegenüber misst der Verbraucherpreisindex die Preisentwicklung ausgewählter Konsumgüter, also

$$P_{0|t} = \sum_{i=1}^{n} w_i(t) \frac{p_i(t)}{p_i(0)}.$$

Der Preisindex kann nach Laspeyres oder Paasche berechnet werden. Der Unterschied zwischen den beiden Methoden liegt in der Ermittlung der Gewichtungen $w_i(t)$. Beim Ansatz nach Laspeyres werden die Gewichte durch den Anteil des Umsatzes vom Gut i am Gesamtumsatz in der Basisperiode 0 definiert, d.h.

$$w_i^{La}(t) = \sum_{i=1}^{n} \frac{p_i(0)q_i(0)}{\sum_{i=1}^{n} p_i(0)q_i(0)}.$$

Im Unterschied dazu erfolgt die Gewichtung im Rahmen der Paasche-Methode durch den Anteil des Umsatzes von Gut i in Periode t

$$w_i^{Pa}(t) = \sum_{i=1}^{n} \frac{p_i(0)q_i(t)}{\sum_{i=1}^{n} p_i(0)q_i(t)}.$$

c) Der Warenkorbeffekt beschreibt einen Effekt auf die Messung der Verbraucherpreisinflation. Dieser ergibt sich daraus, dass beim Index nach Laspeyres die Reaktion der Verbraucher auf eine Änderung der relativen Preise in ihrem Konsumverhalten nicht berücksichtigt wird. Kaufen die Konsumenten verstärkt die relativ billiger werdenden Güter, so wirkt sich dies dämpfend auf die tatsächlich „erlittene" Inflationsrate aus. Die auf Basis des Laspeyres Index berechnete Inflationsrate wird daher tendenziell zu hoch ausfallen.

2.4.2. Stichwort „Beschäftigungsgrad"

a) Die amtliche Arbeitslosenquote u ist wie folgt definiert:

$$u = \frac{\text{Registrierte Arbeitslose}}{\text{Erwerbspersonen}}.$$

Es handelt sich dabei um sogenannte „Prozessdaten", welche durch amtliche Arbeitslosigkeitsmeldungen von arbeitssuchender Personen anfallen. Doch wie sind eigentliche Zähler und Nenner des obigen Quotienten konkret definiert? Hier die entsprechende Auskunft der Arbeitsagentur zum Begriff der „registrierten Arbeitslosen": „Arbeitslose sind nach §16 Abs. 2 SGB III Personen, die wie beim Anspruch auf Arbeitslosengeld

1. vorübergehend nicht in einem Beschäftigungsverhältnis stehen,
2. eine versicherungspflichtige Beschäftigung suchen und dabei den Vermittlungsbemühungen der Agentur für Arbeit zur Verfügung stehen und
3. sich bei einer Agentur für Arbeit arbeitslos gemeldet haben."

In §16 Abs. 2 ist ferner geregelt, dass Teilnehmer an Maßnahmen der aktiven Arbeitsmarktpolitik nicht als arbeitslos gelten (vgl. hierzu auch die weiteren Ausführungen zu „Arbeitslosenbegriff unter SGB II und SGB III")[1]. Fazit: Nicht jede individuelle Arbeitslosigkeitsmeldung wird auch tatsächlich im Zähler der amtlich ausgewiesenen Arbeitslosenquote erfasst.

Für den Nenner der Quote werden von der Bundesagentur zwei unterschiedliche Konzepte herangezogen (Siehe hierzu auch: „Berechnung von Arbeitslosenquoten und Bezugsgrößen")[2].

---

[1] https://statistik.arbeitsagentur.de/DE/Navigation/ Grundlagen/Definitionen/Arbeitslosigkeit- Unterbeschaeftigung/Arbeitslosigkeit-Nav.html?submit=Suchen& templateQueryString=Arbeitslosenbegriff

[2] https://statistik.arbeitsagentur.de/DE/Navigation/ Grundlagen/Definitionen/Berechnung-der-Arbeitslosenquote/ Berechnung-der-Arbeitslosenquote-Nav.html

1. „Arbeitslosenquote, bezogen auf alle zivilen Erwerbspersonen: Alle zivilen Erwerbstätigen sind die Summe aus den abhängigen zivilen Erwerbstätigen sowie Selbständigen und mithelfenden Familienangehörigen.
2. Arbeitslosenquote, bezogen auf die abhängigen zivilen Erwerbspersonen: Der Nenner enthält nur die abhängigen zivilen Erwerbstätigen, d.h. die Summe aus sozialversicherungspflichtig Beschäftigten (einschl. Auszubildende), geringfügig Beschäftigten und Beamten (ohne Soldaten).

Die Zahl der Erwerbspersonen bzw. die Bezugsgrößen für die Berechnung der Arbeitslosenquoten werden einmal jährlich aktualisiert, und zwar regional gegliedert bis auf die Kreisebene. Dies geschieht üblicherweise ab Berichtsmonat Mai, Rückrechnungen werden nicht vorgenommen."

b) Unter einem Anspannungsindex versteht man die Relation zwischen der Anzahl der Arbeitssuchenden und der Anzahl offener Stellen. Somit lässt sich diese Maßzahl inhaltlich als durchschnittliche Anzahl der Bewerber auf eine offene Stelle interpretieren. Allerdings ist solch eine Betrachtungsweise stark simplifizierend: Die qualifikatorische Heterogenität des Stellenangebots sowie der Arbeitssuchenden stellt den Aussagegehalt eines aggregierten Anspannungsindex grundsätzlich in Frage. Doch auch bei qualifikatorischer Kompatibilität zwischen Arbeitssuchenden und Stellenprofil könnten regionale Mismatch-Situationen dazu führen, dass ein bundesweit berechneter Anspannungsindex sich als zu grobe Approximation der Arbeitsmarktsituation erweist. Darüber hinaus muss darauf hingewiesen werden, dass nur ein Bruchteil der offenen Stellen tatsächlich auch der Bundesagentur benannt werden. Ein auf Basis der amtlich gemeldeten Stellen berechneter Anspannungsindex wird also verzerrt sein und tendenziell zu hohe Werte ausweisen.

c) Die soeben erfolgte Übersicht zeigt, dass beide Konzepte mit Problemen behaftet sind. Zur Abbildung des gesamtwirtschaftlichen Beschäftigungsgrades scheint eine Arbeitslosenquote dennoch grundsätzlich geeignet. Neben den definitorischen Besonderheiten der amtlichen Arbeitslosenstatistik muss zur Interpretation dieses Maßes jedoch noch beachtet werden, dass das Ziel eines hohen Beschäftigungsstandes grundsätzlich nicht als „Null-Prozent-Quote" verstanden werden kann. Dieser Grad der unvermeidbaren und somit tolerablen Arbeitslosigkeit, die z.B. durch den Wechsel des Arbeitsplatzes entsteht, scheint jedoch nur schwer feststellbar zu sein.

2.4.3. a) Die Arbeitslosenquote kann als wichtiges Instrument zur Beurteilung des Erfolgs der Arbeitsmarktpolitik einer Regierung herangezogen werden. Allerdings gibt es Einschränkungen der offiziell ausgewiesenen Arbeitslosenquote, da sie einige Personengruppen, z.B. jene, die an Maßnahmen der Arbeitsmarktpolitik teilnehmen, nicht beinhaltet (obwohl diese auch während der Teilnahme an der Maßnahme arbeitssuchend sind). Zu derartigen Maßnahmen gehören beispielsweise Weiterbildungen oder die gezielte berufliche Eingliederung. Damit ist die Validität der offiziellen Arbeitslosenquote als Indikator für das tatsächliche Ausmaß der Unterbeschäftigung, das z.B. für Wahlentscheidungen relevant sein könnte, nur begrenzt gegeben.

b) Wenn mit der Arbeitslosenquote eine vollständige Abdeckung aller tatsächlich nach üblichem Sprachgebrauch arbeitslosen Personen zu erreicht werden soll, ist der Einwand der Antragstellerin gerechtfertigt. Tatsächlich sind bei der Bundesagentur für Arbeit gemeldete arbeitsuchende Personen, die dem Arbeitsmarkt nicht unmittelbar zur Verfügung stehen, per gesetzlicher Definition nicht als arbeitslos zu zählen (siehe § 16 SGB III).
Allerdings stehen auf der Webseite der Bundesagentur für Arbeit zumindest für einige relevante Gruppen zusätzliche Zahlen zu Verfügung, insbesondere für diejenigen, die an Maßnahmen der Arbeitsmarktpolitik teilnehmen. Dies ermöglicht es den Nutzerinnen, gegebenenfalls andere Operationalisierungen der Arbeitslosenquote zu benutzen.

c) Die Anzahl der Arbeitslosen nach dem Vorschlag wäre höher als die ausgewiesene Quote, da viele Personen aus aktiven und passiven arbeitspolitischen Maßnahmen, darunter auch Personen, die dem Arbeitsmarkt nicht unmittelbar zur Verfügung stehen, in die Quote eingerechnet würden.

2.4.4. Keine Musterlösung.
Lösungshinweis: Indikatoren für das außenwirtschaftliche Gleichgewicht und deren Interpretation werden in Abschnitt 4.3.3 im Lehrbuch "Empirische Wirtschaftsforschung und Ökonometrie" (SpringerGabler, 2017, 4. Aufl.) vorgestellt.

2.4.5. Stichwort „Konjunkturindikatoren"

a) Ein geeigneter Indikator zur Bestimmung der aktuellen Konjunktursituation ist der Produktionsindex des produzierenden Gewerbes, da dieser als einziger der genannten Indikatoren ein Präsenzindikator, also ein gleichlaufender Indikator ist. Er stellt damit als einziger die aktuelle wirtschaftliche Situation dar.

b) Grundsätzlich lassen sich alle weiteren genannten Indikatoren in Früh- und Spätindikatoren einteilen. Frühindikatoren sind vorlaufend, geben also einen Hinweis auf die zukünftige Entwicklung der Wirtschaftslage. Hierzu zählen beispielsweise der Aktienindex, in dem die Erwartungen hinsichtlich der zukünftigen Entwicklungen eingepreist sind, sowie der Index der Auftragseingänge, da sich die Auftragseingänge in zukünftiger Produktion niederschlagen sollten. Spätindikatoren, oder auch nachlaufende Indikatoren, geben Aufschluss darüber, wie sich die Wirtschaft in der Vergangenheit entwickelt hat. Die Arbeitslosenquote ist ein nachlaufender Indikator, da es institutionell bedingt einige Zeit in Anspruch nimmt, Arbeitnehmer zu entlassen bzw. neue einzustellen, um auf entsprechende Veränderungen der Produktion zu reagieren.

c) Die Konjunktur für sich selbst kann nicht gemessen werden, da es sich hierbei nicht um eine beobachtbare Variable, sondern eher um ein modellgestütztes Konstrukt handelt. Jedoch ist es möglich, verschiedene Indikatoren zu messen, die stark mit dem Konzept der Konjunktur korrelieren und somit Rückschlüsse auf die vergangene, aktuelle sowie zukünftige konjunkturelle Situation zulassen. Grundsätzlich sollten die folgenden vier Anforderungen an einen geeigneten Indikator gestellt werden:

- Plausibilität: Der Indikator sollte aus einer Theorie abgeleitet sein, d.h. es sollte einen theoretisch begründeten Zusammenhang zwischen dem Indikator und der Referenzgröße geben.
- Statistische/datentechnische Anforderungen: Die Daten zur Messung des Indikators müssen verfügbar sein und es sollten keine (oder zumindest nur interpretierbare) Strukturbrüche in den Daten vorhanden sein.
- Konformität: Der Indikator sollte mit vergangenen Konjunkturzyklen konform sein, d.h. die bisherige Entwicklung des Indikators sollte mit der Entwicklung der Referenzgröße übereinstimmen. Außerdem sollte der zeitliche Abstand zwischen der Entwicklung des Indikators und der Referenzgröße konstant sein.
- Datenaktualität: Insbesondere wenn mit Hilfe des Indikators eine Prognose der Referenzgröße erstellt werden soll, müssen die verfügbaren Indikatordaten aktuell sein.

2.4.6. a) Beide Quoten werden relativ zum Bruttoinlandsprodukt berechnet. Während es sich bei der Investitionsquote um eine echte Quote handelt, da die Investitionen definitionsgemäß einen Teil des Bruttoinlandsproduktes ausmachen, stellt die Sozialleistungsquote eine "unechte" Quote dar, da Sozialleistungen kein Bestandteil des BIP sind.

b) Damit kann der durch die grafische Darstellung hervorgerufene Eindruck, dass höhere Werte der Sozialleistungsquote mit niedrigeren Werten der Investitionsquote einher gehen müssen, nicht unmittelbar aus einer Art Saldenmechanik abgeleitet werden. Zusätzliche wäre eine Auseinandersetzung mit ökonomischen Zusammenhängen erforderlich, die plausibel machen, dass die beiden Quoten voneinander abhängen.

2.4.7. a) Im Hinblick auf ein Land, liefert eine positive Produktionslücke einen Hinweis darauf, dass die tatsächlich realisierte Produktion über ihrem (geschätzten) Produktionspotential liegt, was in der Boomphase nach dem Aufschwung der Fall ist.

b) Während im Jahr 2009 in keinem OECD-Mitgliedstaaten eine positive Produktionslücke vorlag, deuten die wachsenden Zahlen, vor allem ab 2014 auf eine Aufschwungphase hin, die am Ende des Zeitraums in vielen der betrachteten Länder bereits in die Boomphase übergegangen ist.

2.4.8. a) Die Konzentrationsrate CR_5 der Eurozone wird jeweils durch die linke der beiden Säulen repräsentiert.

b) Trotz eines leichten Rückgangs im Jahr 2015 ist zwischen 2005 und 2015 ein klarer Anstieg der Konzentrationsrate CR_5 in der Eurozone zu verzeichnen, d.h. gemessen an diesem Indikator ist die Konzentration im Bankensektor deutlich gestiegen.

c) Der Herfindahl-Index ist ein absolutes Konzentrationsmaß, welches auch von der Anzahl der in die Betrachtung einbezogenen Merkmalsträger abhängt. Je höher der Herfindahl-Index ausfällt umso höher ist die Konzentration in dem betrachteten Sektor. Dies bedeutet, dass wenige Marktteilnehmer einen großen Anteil am betrachteten Wirtschaftszweig ausmachen.
Der von 2005 bis 2015 betrachtete Anstieg des Herfindahl-Index für die Eurozone (obere Linie) entspricht einer Zunahme der Konzentration und bestätigt damit den mittels der Konzentrationsrate CR_5 gewonnenen Eindruck.

2.4.9. a) Die Konzentrationsrate ist ein absolutes Konzentrationsmaß. Die Konzentrationsrate CR_r zeigt den Anteil der Merkmalsträger mit den r größten Ausprägungen an der Summe über alle Merkmalsträger. Für den Bankensektor misst CR_5 den Anteil der Bankvermögen (Assets) der 5 größten Banken am Bankvermögen (Assets) aller Banken auf dem betrachteten Markt.

b) Die Konzentration im Bankensektor ist in Belgien gemessen an der Konzentrationsrate CR_5 zwischen 2008 (jeweils linke Säule) und 2014 (jeweils mittlere Säule) deutlich gesunken, während zwischen 2014 und 2015 kein deutlicher Unterschied mehr erkennbar ist.
Im Gegensatz zu Belgien ist in Deutschland die Konzentration im Bankensektor zwischen 2008 und 2014 deutlich gestiegen und zwischen 2014 und 2015 nur geringfügig wieder zurückgegangen. Das Niveau aus dem Jahr 2015 liegt damit deutlich höher als in 2008. Insgesamt fällt die Marktkonzentration in allen betrachteten Jahren in Deutschland jedoch geringer aus als die für Belgien ausgewiesenen Werte.

2.5 Input-Output-Analyse

2.5.1. Dreigliedrige Input-Output-Tabelle der deutschen Volkswirtschaft

a) Keine Musterlösung.
Lösungshinweis: Die Struktur von IO-Tabellen und der Bezug zur volkswirtschaftlichen Gesamtrechnung wird im Lehrbuch "Empirische Wirtschaftsforschung und Ökonometrie" (SpringerGabler, 2017, 4. Aufl.) in Abschnitt 5.2.1 vorgestellt.

b) Die Produktionswerte der einzelnen Sektoren (**X**) lassen sich als Funktion der Endnachfragekomponenten (**Y**) über die Leontief-Inverse bestimmen: $\mathbf{X} = (\mathbf{I} - \mathbf{A})^{-1}\mathbf{Y}$.

c) Das Leontief-Modell
- Das Leontief-Modell dient der statischen Analyse, d.h. die in dieser Aufgabe betrachteten Inputkoeffizienten werden als konstant angesehen. Darüber hinaus unterstellt man eine linear homogene Produktionstechnologie. In Lehrbuchnotation:

$$X_{ij} = \alpha_{ij} \cdot X_j \quad \text{für } i,j = 1,\ldots,n.$$

  Somit sind die Inputkoeffizienten nicht nur zeitlich, sondern auch hinsichtlich des Outputvolumens konstant.

- Betrachtet wird eine linear limitationale Produktionsfunktion. Ökonomisch muss hierzu kritisch angemerkt werden, dass
  - somit relative Preisveränderungen annahmegemäß keine Substitution von Vorleistungsinputs induzieren. Zumindest für kurzfristig und hinreichend kleine Änderungen mag diese Annahme jedoch zutreffend sein. Man denke beispielsweise an einen Automobilhersteller: Wenn dieser seinen Output kurzfristig steigern will, so resultiert hieraus eine modellspezifisch fixe Mehrnachfrage nach Aluminium, Kunststoffen, Stahl, etc. Erst mittelfristig, d.h. nach der Entwicklung neuer Modelltypen, ist der Hersteller in der Lage, auf veränderte Vorleistungspreise zu reagieren und individuelle Inputs zu substituieren.
  - die Nichtberücksichtigung der soeben exemplarisch angedeuteten Investitionstätigkeit der Unternehmen auch jeglichen technischen Fortschritt aus der Analyse ausblendet.

  Langfristige Fragestellungen sollten mit diesem statischen Modellierungsansatz nicht analysiert werden. Dafür bieten sich entsprechende dynamische Erweiterungen an. Für kurz- bis mittelfristige Analysehorizonte lässt sich die Annahme konstanter Inputkoeffizienten jedoch zumindest approximativ rechtfertigen.

- Zur Berechnung der (gerundeten) Leontief-Inverse:

$$(I-A) = \begin{pmatrix} 0,90 & -0,01 & 0,00 \\ -0,12 & 0,67 & -0,07 \\ -0,15 & -0,14 & 0,69 \end{pmatrix}$$

$$\Rightarrow (I-A)^{-1} = \begin{pmatrix} 1,11 & 0,02 & 0,00 \\ 0,23 & 1,53 & 0,16 \\ 0,29 & 0,31 & 1,48 \end{pmatrix}$$

d)
$$\Delta Y = (I-A) \cdot \Delta X$$

$$\Rightarrow \Delta Y = \begin{pmatrix} 0,90 & -0,01 & 0,00 \\ -0,12 & 0,67 & -0,07 \\ -0,15 & -0,14 & 0,69 \end{pmatrix} \begin{pmatrix} -1,00 \\ 0,00 \\ 1,00 \end{pmatrix} = \begin{pmatrix} -0,90 \\ 0,05 \\ 0,84 \end{pmatrix}$$

e)
$$\Delta X = (I-A)^{-1} \cdot \Delta Y$$

$$= \begin{pmatrix} 1,11 & 0,02 & 0,00 \\ 0,23 & 1,53 & 0,16 \\ 0,29 & 0,31 & 1,48 \end{pmatrix} \begin{pmatrix} 0,00 \\ 0,00 \\ 50,00 \end{pmatrix} = \begin{pmatrix} 0,00 \\ 8,00 \\ 74,00 \end{pmatrix}$$

2.5.2. a) $V_{1,1} = 20$ gibt an, dass der Sektor Landwirtschaft 20 Gütereinheiten aus der Landwirtschaft selbst als Vorleistung verbraucht, um seinen gesamten Output in der Höhe von 50 Gütereinheiten herzustellen. Ein Beispiel für derartige Vorleistungen innerhalb des Sektors Landwirtschaft könnte die Lieferung von Saatgut zwischen landwirtschaftlichen Produktionsbetrieben sein.
$V_{2,1} = 11$ gibt an, dass der Sektor Industrie 11 Gütereinheiten als Vorprodukte an den Sektor Landwirtschaft liefert. Ein Beispiel hierfür könnten landwirtschaftliche Geräte wie Traktoren sein.

b)
- $b(1,1) = \frac{X(1,1)}{\sum_{j=1}^{4} X(1,j)} = \frac{20}{50} = 0,4$, d.h. 40 Prozent der produzierten landwirtschaftlichen Güter werden wieder als Input für die landwirtschaftliche Produktion selbst benötigt.
- $b(1,2) = \frac{X(1,2)}{\sum_{j=1}^{4} X(1,j)} = \frac{4}{50} = 0,08$, d.h. 8 Prozent der produzierten landwirtschaftlichen Güter werden als Vorleistungen an die Industrie weitergegeben.
- $b(1,4) = \frac{X(1,4)}{\sum_{j=1}^{4} X(1,j)} = \frac{19}{50} = 0,38$, d.h. 38 Prozent der landwirtschaftlichen Güter gehen in den Endverbrauch.

c)
- $a(1,2) = \frac{X(1,2)}{\sum_{i=1}^{4} X(i,2)} = \frac{4}{100} = 0,04$, d.h. Vorleistungen aus der Landwirtschaft machen 4 Prozent der gesamten Inputs im Sektor Industrie aus.

- $a(2,1) = \frac{X(2,1)}{\sum_{i=1}^{4} X(i,1)} = \frac{11}{50} = 0,22$, d.h. Vorleistungen aus der Industrie machen 22 Prozent der gesamten Inputs im Sektor Landwirtschaft aus, oder anders ausgedrückt: 22 Prozent der Kosten der Produktion in der Landwirtschaft entfallen auf Vorleistungen aus dem Sektor Industrie.
- $a(4,1) = \frac{X(4,1)}{\sum_{i=1}^{4} X(i,1)} = \frac{14}{50} = 0,28$, d.h. 28 Prozent der Kosten im Sektor Landwirtschaft entstehen durch Arbeit bzw. aus deren Entlohnung.

d) $A = \begin{pmatrix} a(1,1) & \cdots & a(1,3) \\ a(2,1) & \ddots & \vdots \\ a(3,1) & \cdots & a(3,3) \end{pmatrix} = \begin{pmatrix} \cdots & 0,04 & \cdots \\ 0,22 & \ddots & \vdots \\ \cdots & \cdots & \cdots \end{pmatrix}$

e) Die Leontief-Inverse:

$$(I-A)^{-1} = \left[\begin{pmatrix} 1 & \cdots & 0 \\ \vdots & \ddots & \vdots \\ 0 & \cdots & 1 \end{pmatrix} - \begin{pmatrix} 0,40 & 0,04 & 0,058 \\ 0,22 & 0,40 & 0,10 \\ 0,10 & 0,32 & 0,35 \end{pmatrix} \right]^{-1} = \begin{pmatrix} 1,78 & 0,22 & 0,19 \\ 0,76 & 1,91 & 0,36 \\ 0,65 & 0,97 & 1,75 \end{pmatrix}$$

Mit $\Delta X = (I-A)^{-1} \cdot \Delta Y$ und $\Delta Y = (0,-10,0)'$:

$$\Delta X = \begin{pmatrix} 1,78 & 0,22 & 0,19 \\ 0,76 & 1,91 & 0,36 \\ 0,65 & 0,97 & 1,75 \end{pmatrix} \begin{pmatrix} 0 \\ -10 \\ 0 \end{pmatrix} = \begin{pmatrix} -2,2 \\ -19,1 \\ -9,7 \end{pmatrix}$$

Im Dienstleistungssektor würde sich die Produktion, aufgrund eines Rückgangs der Nachfrage um 10 Einheiten im Industriesektor, um 9,7 Einheiten verringern. Dabei kann die Input-Output-Analyse aufgrund ihres statischen Ansatzes jedoch keine weiteren Effekte wie z.B. erhöhte Produktivität durch Innovationen im Automobilsektor und somit auch der Industrie auffangen. So könnte es z.B. möglich sein, dass zu Imagezwecken massiv im Bereich der E-Mobilität investiert und daher dort die Produktivität gesteigert wurde.

2.6 Das ökonometrische Modell

2.6.1. Das allgemeine Vorgehen bei der Umsetzung eines ökonometrischen Modells kann durch die folgenden vier Schritte beschrieben werden:

1. Spezifikation des Modells
2. Schätzung der Parameter
3. Überprüfung der Schätzung
4. Bewertung und Interpretation der Ergebnisse

2.6.2. Unter einem "ökonometrischen Modell" versteht man in der Regel einen formal in mathematischer Notation darstellbaren Zusammenhang zwischen ökonomischen Größen, zwischen denen ein theoretisch begründeter Wirkungszusammenhang besteht. Die Parameter des Modells können dabei grundsätzlich quantifiziert, also mit konkreten Werten versehen werden. Außerdem erlaubt ein ökonometrisches Modell auch Aussagen über die statistischen Eigenschaften der Parameterschätzer.

Als Beispiel lässt sich etwa der Einfluss der Ausbildungsdauer auf die Lohnhöhe betrachten. Bezeichne W_i den Stundenlohn (in Euro) einer Person i und A_i deren Ausbildungsdauer (in Jahren). Dann könnte ein formales Modell wie folgt aussehen:

$$W_i = \beta_1 + \beta_2 A_i + \varepsilon_i$$

- Dabei ist die „abhängige Variable" W_i die durch das Modell zu erklärende Variable. Es wird also insbesondere darauf geachtet, wovon die Höhe dieser Variablen abhängen.
- Die „erklärende Variable" in diesem Modell ist A_i. Diese Variable wird im Modell nicht erklärt, sondern wird als gegeben angenommen, weshalb sie auch als „unabhängige Variable" bezeichnet wird. Häufig umfasst ein Modell auch mehrere erklärende Variable. So könnte neben der Ausbildung beispielsweise auch das Alter von Person i einen Einfluss auf die Lohnhöhe haben.
- Die „funktionale Form" beschreibt die (a priori) Funktion, die für den betrachteten Zusammenhang zwischen den Variablen des Modells unterstellt wird. Im Beispiel ist dies ein einfacher linearer Zusammenhang.
- Da die tatsächliche Höhe der abhängigen Variable in der Regel nicht vollständig allein durch die erklärende(n) Variablen beschrieben werden kann, gibt es im ökonometrischen Modell zusätzlich den „Fehlerterm", der die Effekte aller anderen Einflussfaktoren, die nicht explizit im Modell berücksichtigt werden, abbildet. Er wird häufig mit ε_i bezeichnet. Im konkreten Beispiel würden also Einflüsse etwa der Berufserfahrung, des Sektors oder der Region im Fehlerterm aufgefangen.

2.6.3. Der Annahme des funktionalen Zusammenhangs und der Verteilung des Fehlerprozesses kommt bei den in der Ökonometrie angewandten Schätzverfahren eine zentrale Bedeutung zu. Systematische Effekte werden zwar durch die unabhängige Variable X abgebildet, um jedoch den Einfluss von vernachlässigten oder unbekannten Faktoren abbilden zu können, wird das Modell um eine zufällige Komponente ε_t erweitert. Diese wird auch als Störgröße, Fehler oder Fehlerterm bezeichnet. Wesentlicher Bestandteil der Prüfung der Schätzung ist daher die Untersuchung, inwieweit die eingangs getroffenen Annahmen tatsächlich erfüllt sind. Da ε_t nicht beobachtbar ist, erfolgt die Prüfung der Modellannahmen anhand der geschätzten Realisierungen $\widehat{\varepsilon}_t$. So werden beispielsweise fälschlicherweise getroffene Annahmen über den funktionalen Zusammenhang oder die Vernachlässigung wesentlicher Variablen sich in den Residuen $\widehat{\varepsilon}_t$ widerspiegeln. Dies wirkt sich auf alle folgenden Phasen der Analyse aus und kann dazu führen, dass die Ergebnisse sowohl quantitativ als auch qualitativ beeinflusst werden. Für die Überprüfung der getroffenen Annahmen stehen verschiedenste Testverfahren zur Verfügung.

2.7 Das lineare Regressionsmodell

2.7.1. Eine wesentliche Feststellung ist, dass der Tarif der Einkommenssteuer in Deutschland nicht linear ist, sondern für unterschiedliche Einkommen unterschiedliche marginale Steuersätze vorsieht. Die zunächst naheliegende Modellierung

$$\text{Steuer}_i = \beta_0 + \beta_1 \text{Einkommen}_i + \varepsilon_i$$

stellt daher eine Fehlspezifikation dar, da mit β_1 ein konstanter Grenzsteuersatz unterstellt wird. Den wegen einer Vielzahl von Ausnahmen, Abzugsmöglichkeiten etc. nur mit hohem Aufwand darzustellenden tatsächlichen Tarif könnte beispielsweise durch eine quadratische Funktion approximiert werden, die zumindest eine gewisse Progression zulässt, d.h.

$$\text{Steuer}_i = \beta_0 + \beta_1 \text{Einkommen}_i + \beta_2 \text{Einkommen}_i^2 + \varepsilon_i\,.$$

Der marginale Effekt einer Erhöhung des Einkommens auf die Einkommensteuer lässt sich nun nicht mehr unmittelbar aus β_1 ablesen. Vielmehr gilt für den marginalen Steuersatz dieses Modells:

$$\frac{\partial \text{Steuer}}{\partial \text{Einkommen}} = \beta_1 + 2\beta_2 \text{Einkommen}\,.$$

Falls β_2 positiv ist, nimmt also der Grenzsteuersatz mit dem Einkommen zu.

2.7.2. a) Der Koeffizient für lnD lässt sich als Elastizität interpretieren, da sowohl die abhängige als auch die erklärende Variable als natürlicher Logarithmus eingesetzt werden. Dies bedeutet, dass ein Anstieg der Distanz zur Müllverbrennungsanlage um 1% zu einer Steigerung des Hauspreises um ca. 0,321% führt. Da eine Müllverbrennung in unmittelbarer Umgebung die Attraktivität eines Wohnhauses senken dürfte, entspricht das positive Vorzeichen der Erwartung, dass mit größerer Entfernung von der Müllverbrennungsanlage auch der Hauspreis steigt.

b) Zunächst einmal ist der hier gewählte Zusammenhang stark vereinfacht, da viele andere Faktoren die Häuserpreise beeinflussen dürften (siehe Teilaufgabe d)). Außerdem wird die Stadtverwaltung möglicherweise eher unattraktivere Stadtgebiete für den Bau einer Müllverbrennungsanlage wählen, da dort eventuell weniger Widerstand erwartet wird. So wird eine Müllverbrennungsanlage höchst wahrscheinlich eher am Stadtrand und nicht in der Innenstadt gebaut und weist deshalb einen höheren Abstand zu den teureren Wohngebieten auf. Die Kausalität könnte also – zumindest teilweise – umgekehrt wirken.

c) Das R^2 von 0,162 gibt an, dass 16,2% der Varianz der Häuserpreise durch die Variable lnD erklärt werden kann. Dies erscheint alleine für die Variable Entfernung zu Müllverbrennungsanlagen durchaus beachtlich zu sein. Gleichzeitig deutet der Wert jedoch darauf hin, dass es noch eine Reihe weiterer wichtiger Faktoren gibt, mit denen die Unterschiede in Häuserpreisen modelliert werden können.

d) Als weitere Einflussfaktoren auf den Hauspreis sind etwa das Alter des Hauses, sowie die Grundstücks- und Wohnfläche zu nennen. Ebenfalls wichtig dürften Entfernungen zum Stadtkern, zum nächsten Supermarkt oder zu Freizeiteinrichtungen sein. Zumindest für die Entfernung zum Stadtkern könnte es eine Korrelation mit der Entfernung zu einer Müllverbrennungsanlage geben (siehe b)).

2.7.3. Als Methode der kleinsten Quadrate wird ein formaler Ansatz zur Anpassung einer Geradengleichung bzw. im multivariaten Modell zur Anpassung einer Hyperebene an einen gegebenen Datensatz bezeichnet. An dieser Stelle wollen wir uns auf den anschaulichen Fall eines bivariaten Zusammenhangs $y_i = f(x_i)$ beschränken. Bei gegebenen Beobachtungen $\{(y_1, x_1), \ldots, (y_n, x_n)\}$ wird nun versucht, eine Geradengleichung der Form

$$\hat{y}_i = \hat{\beta}_0 + \hat{\beta}_1 x_i$$

„möglichst gut" an den beobachteten Datensatz anzupassen. Das Zielkriterium zur Bestimmung des Anpassungsgrades beruht hierbei auf den sich ergebenden Abweichungen (Residuen) zwischen den beobachteten Werten $\{y_1, \ldots, y_n\}$ sowie den durch die Geradengleichung berechneten (prognostizierten) Werten $\{\hat{y}_1, \ldots, \hat{y}_n\}$

$$\hat{\varepsilon}_i = y_i - \hat{y}_i.$$

Zur Optimierung des Anpassungsgrades wird bei der Methode der kleinsten Quadrate die Summe dieser quadrierten Abweichungen betrachtet. Der konkrete Verlauf der Geraden wird so festgelegt, dass

$$\sum_{i=1}^{n} \hat{\varepsilon}_i^2$$

minimiert wird, wodurch die Parameterschätzwerte $\hat{\beta}_0$ (Achsenabschnitt) und $\hat{\beta}_1$ (Steigungsparameter) numerisch bestimmt sind.

Sofern dieser lineare Ansatz gerechtfertigt ist, d.h., wenn der betrachtete Datensatz tatsächlich durch einen Zusammenhang der Form

$$y_i = \beta_0 + \beta_1 x_i + \varepsilon_i$$

erzeugt wurde, die Variable x tatsächlich die Entwicklung der Variable y „erklärt", nicht stochastisch beziehungsweise nicht mit den stochastischen „Störtermen" ε korreliert ist und eine endliche Varianz aufweist, so lassen sich mit dieser Methode die unbekannten Parameter β_0 und β_1 erwartungstreu schätzen. Die Eigenschaft der Erwartungstreue folgt hierbei aus der Annahme unsystematischer Störterme, d.h. aus der unterstellten Eigenschaft

$$E[\varepsilon_i] = 0.$$

Im ökonometrischen Modell wird darüber hinaus in der Regel davon ausgegangen, dass die Varianz der Störterme im Zeitablauf konstant ist

$$VAR[\varepsilon_i] = \sigma^2,$$

die Störterme untereinander unkorreliert sind und zumindest asymptotisch einer Normalverteilung folgen. Die Schätzwerte $\hat{\beta}_0$ und $\hat{\beta}_1$ unterliegen dann ebenfalls einer Normalverteilung und sind effizient, d.h. die KQ-Methode liefert dann erwartungstreue Schätzwerte mit minimaler Varianz.

2.7.4. Zu den wünschenswerten Eigenschaften von Schätzern $\hat{\beta}$ gehören insbesondere

- **Erwartungstreue**: $E(\hat{\beta}) = \beta$, d.h. bei wiederholten Durchführungen der Analyse mit verschiedenen Zufallsstichproben wird im Erwartungswert der tatsächliche Parameterwert β gefunden. Es gibt also keine systematischen Verzerrungen, die natürlich unerwünscht sind.

- **Konsistenz**: $plim_{T \to \infty} \hat{\beta} = \beta$, d.h. mit zunehmender Größe der Stichprobe T nähert sich der geschätzte Wert immer mehr dem tatsächlichen Parameterwert an.

- **Effizienz**: Der Schätzer weist im Vergleich mit anderen erwartungstreuen Schätzern die geringste Varianz auf, d.h. die Unterschiede der Schätzer für verschiedene Stichproben sind so klein wie mit der gegebenen Stichprobengröße möglich.

- **Normalität**: Die Verteilung der Parameterschätzer, die ja als Funktion der Fehlerterme selbst Zufallsvariable sind, ist eine Normalverteilung. Gerade für kleine Stichproben erleichtert dies die Durchführung von Hypothesentests.

Diese Eigenschaften weisen KQ-Schätzer auf, wenn eine Reihe von Voraussetzungen, unter anderem im Hinblick auf die Verteilung der Fehlerterme des Modells erfüllt sind. Auf diese wird in der folgenden Aufgabe eingegangen.

2.7.5. Der allgemeine Fall des linearen Regressionsmodells mit k erklärenden Variablen lässt sich durch die folgende Gleichung darstellen:

$$Y_t = \beta_1 + \beta_2 X_{2t} + \beta_3 X_{3t} + ... + \beta_k X_{kt} + \varepsilon_t \qquad t = 1,...,T$$

Es lassen sich drei Kategorien von Annahmen unterscheiden:

1. Annahmen über das Modell:
- Der wahre Zusammenhang zwischen X und Y ist linear.
- Es fehlen keine relevanten exogenen Variablen.
- Linearität in den Parametern ist gegeben.

2. Annahmen über die Regressoren:
   - Die Elemente der Matrix X sind deterministisch (nicht stochastisch) oder es gilt $E(X_i \varepsilon_i) = 0$.
   - Die Varianz der exogenen Variablen ist endlich.
   - X hat vollen Spaltenrang k.

3. Annahmen über die Fehlerterme:
   - $E(\varepsilon) = 0$
   - $Var(\varepsilon) = E(\varepsilon_i \varepsilon_i') = \sigma_\varepsilon^2 \mathbf{I}$ für $i = j$
   - $Cov(\varepsilon_i \varepsilon_j) = 0$ für $i \neq j$
   - Für exakte Inferenzaussagen in endlichen Stichproben ist zusätzlich erforderlich, dass die Zufallsgrößen ε einer Normalverteilung folgen.

2.7.6. 1. Schritt: Minimierung der Summe der quadrierten Residuen. Dafür Minimierung des Ausdrucks auf der rechten Seite, d.h. partielle Ableitungen beider $\hat{\beta}$-Koeffizienten bilden.

$$\sum_{t=1}^{T} \hat{\varepsilon}_t^2 = \sum_{t=1}^{T} (y_t - \hat{\beta}_1 - \hat{\beta}_2 x_t)^2$$

2. Schritt: Partielle Ableitung nach $\hat{\beta}_1$ gleich Null setzen.

$$\frac{\partial \sum_{t=1}^{T} \hat{\varepsilon}_t^2}{\partial \hat{\beta}_1} = \sum_{t=1}^{T} 2(y_t - \hat{\beta}_1 - \hat{\beta}_2 x_t)(-1) = 0$$

$$2(-1) \sum_{t=1}^{T} (y_t - \hat{\beta}_1 - \hat{\beta}_2 x_t) = 0$$

$$\sum_{t=1}^{T} (y_t - \hat{\beta}_1 - \hat{\beta}_2 x_t) = 0$$

$$\sum_{t=1}^{T} y_t - \sum_{t=1}^{T} \hat{\beta}_1 - \sum_{t=1}^{T} \hat{\beta}_2 x_t = 0$$

$$\sum_{t=1}^{T} y_t - T\hat{\beta}_1 - \sum_{t=1}^{T} \hat{\beta}_2 x_t = 0$$

$$\text{mit } \bar{y} = \frac{1}{T} \sum_{t=1}^{T} y_t, \bar{x} = \frac{1}{T} \sum_{t=1}^{T} x_t \Rightarrow \bar{y} - \hat{\beta}_1 - \hat{\beta}_2 \bar{x} = 0$$

$$\Rightarrow \hat{\beta}_1 = \bar{y} - \hat{\beta}_2 \bar{x}$$

3. Schritt: Partielle Ableitung nach $\hat{\beta}_2$ gleich Null setzen.

$$\frac{\partial \sum_{t=1}^{T} \hat{\varepsilon}_t^2}{\partial \hat{\beta}_2} = \sum_{t=1}^{T} 2(y_t - \hat{\beta}_1 - \hat{\beta}_2 x_t)(-x_t) = 0$$

$$2(-1)\sum_{t=1}^{T}(y_t - \hat{\beta}_1 - \hat{\beta}_2 x_t)x_t = 0$$

$$\sum_{t=1}^{T}(y_t - \hat{\beta}_1 - \hat{\beta}_2 x_t)x_t = 0$$

$$\sum_{t=1}^{T} y_t x_t - \sum_{t=1}^{T} \hat{\beta}_1 x_t - \sum_{t=1}^{T} \hat{\beta}_2 x_t x_t = 0$$

$$\sum_{t=1}^{T} x_t y_t - \sum_{t=1}^{T} \hat{\beta}_1 x_t - \sum_{t=1}^{T} \hat{\beta}_2 x_t^2 = 0$$

$$\overline{x \cdot y} - \hat{\beta}_1 \bar{x} - \hat{\beta}_2 \overline{x^2} = 0$$

$$\overline{x \cdot y} - (\bar{y} - \hat{\beta}_2 \bar{x})\bar{x} - \hat{\beta}_2 \overline{x^2} = 0$$

$$\overline{x \cdot y} - \bar{x} \cdot \bar{y} + \hat{\beta}_2 \bar{x} \cdot \bar{x} - \hat{\beta}_2 \overline{x^2} = 0$$

$$\overline{x \cdot y} - \bar{x} \cdot \bar{y} = \hat{\beta}_2 \overline{x^2} - \hat{\beta}_2 \bar{x}^2$$

$$\hat{\beta}_2 (\overline{x^2} - \bar{x}^2) = \overline{x \cdot y} - \bar{x} \cdot \bar{y}$$

$$\Rightarrow \hat{\beta}_2 = \frac{\overline{x \cdot y} - \bar{x} \cdot \bar{y}}{\overline{x^2} - \bar{x}^2}$$

2.7.7. Schätzung einer makroökonomischen Konsumfunktion.

a) Das Modell lässt sich wie folgt notieren:

$$KONSUM_t = \beta_0 + \beta_1 \cdot YVERF_t + \varepsilon_t,$$

bzw., unter Berücksichtigung des üblichen Theorie-Stils:

$$Y_t = \beta_0 + \beta_1 \cdot X_t + \varepsilon_t,$$

oder schließlich mit den geschätzten Parameterwerten:

$$\hat{C}_t = -14,18 + 0,94 Y_t^v.$$

b) Obige Gleichung findet sich in jedem einführenden Lehrbuch zur makroökonomischen Theorie. Dort lässt sich ebenfalls nachlesen, dass der Koeffizient β_1 als „marginale Konsumneigung" interpretiert werden kann. Inhaltliche Interpretation auf Basis des vorliegenden Schätzergebnisses: Steigt das verfügbare Einkommen der privaten Haushalte um eine Milliarde Euro, so geht hiermit ein Anstieg des privaten Verbrauchs um ca. 938,6 Millionen Euro einher.

c) Die zu berechnende t-Statistik für die Nullhypothese ($H_0 : \beta_{1,0} = 1$) lautet:

$$t = \frac{\hat{\beta}_1 - \beta_{1,0}}{\hat{\sigma}_{\hat{\beta}_1}}$$

$$= \frac{(0,938590 - 1)}{0,004416}$$

$$= -13,9063$$

Für einen zweiseitigen Test zum 5%-Niveau lautet der zugehörige kritische Wert: $t_{0,975} = 1,96$. Da $|-13,9063| > 1,96$, kann die getestete Hypothese also verworfen werden. Allerdings ist diese Aussage ohne vorherige Prüfung der Modellannahmen mit Vorsicht zu genießen. So zeigt in diesem Beispiel der niedrige Wert der Durbin-Watson-Statistik eine positive Autokorrelation erster Ordnung an.

d) Das Bestimmtheitsmaß ist definiert als

$$R^2 = \frac{ESS}{TSS} = 1 - \frac{RSS}{TSS}$$

und beschreibt somit den Anteil der durch das ökonometrische Modell erklärten Variation der abhängigen Variablen. Ein Großteil der Variation des Konsums wird durch die Variation des Einkommens abgebildet.

2.7.8. a) Das zu schätzende Modell

$$Steuer_i = \beta_1 + \beta_2 Einkommen_i + \beta_3 Einkommen_i^2 + \varepsilon_i,$$

oder das geschätzte Modell

$$Steuer_i = \hat{\beta}_1 + \hat{\beta}_2 Einkommen_i + \hat{\beta}_3 Einkommen_i^2 + \hat{\varepsilon}_i$$

oder die Modellprognose

$$\widehat{Steuer}_i = \hat{\beta}_1 + \hat{\beta}_2 Einkommen_i + \hat{\beta}_3 Einkommen_i^2$$

b) Zur Berechnung der erwarteten Einkommenssteuer nutzt man die Modellprognose, wobei die Parameterschätzer $\hat{\beta}_k$ durch die entsprechenden numerischen Werte und das Einkommen durch den angenommenen Wert von 100 000€ ersetzt werden:

$$E(Steuer|Einkommen = 100\,000)$$
$$= -1485,182 + 0,2306 \cdot 100\,000 + 0,14 \cdot 10^{-6} \cdot 100\,000^2$$
$$= 35577,02.$$

c) Der Koeffizient $1{,}40 \cdot 10-6$ der Variable *Einkommen*^{2} bildet einen ansteigenden Grenzsteuersatz ab, da mit zunehmendem Einkommen nicht nur über den Koeffizienten $\hat{\beta}_2$ pro Euro mehr Einkommen 0,23 Euro mehr Steuer indiziert wird, sondern über den Koeffizienten $\hat{\beta}_3$ ein zusätzlicher Betrag, der aufgrund der quadratischen Form mit dem Einkommen zunimmt.

d) Die t-Statistik zur Nullhypothese $H_0 : \beta_3 = 0$ beträgt 433,3426 und liegt damit weit jenseits des kritischen Wertes zum 5%-Niveau, so dass ein Verwerfen der Nullhypothese angezeigt ist. Dies wird durch den ebenfalls ausgewiesenen marginalen p-Wert reflektiert, der deutlich unter 0,05 liegt.

e) Die R^2-Statistik gibt an, dass gut 98% der Variation der Einkommensteuer durch die quadratische Form der zu versteuernden Einkommen beschrieben werden kann. Dies ist einerseits ein sehr hoher Wert, andererseits ist der exakte Verlauf der Steuerfunktion gesetzlich festgelegt, so dass eine perfekte Abbildung möglich wäre, was aber nicht durch eine quadratische Funktion gelingen kann.

2.7.9. a) Das zu schätzende Modell

$$M_t = \beta_1 + \beta_2 P_t + \varepsilon_t,$$

oder das geschätzte Modell

$$M_t = \hat{\beta}_1 + \hat{\beta}_2 P_t + \hat{\varepsilon}_t$$

oder die Modellprognose

$$\widehat{M_t} = \hat{\beta}_1 + \hat{\beta}_2 P_t,$$

wobei M auch durch die konkrete Definition $ln(M3)$ und P durch $ln(BIP - Deflator)$ ersetzt werden könnte.

b) Da sowohl die abhängige Variable als auch der Koeffizient des Preisniveaus logarithmiert wurden, handelt es sich bei den Parametern um Elastizitäten. Insbesondere it β_2 die Preiselastizität der Geldmenge, d.h., ein Anstieg der Preise um 1% würde zu einem Wachstum der Geldmenge um β_2 Prozent führen, also um circa 3,41%.

c) Die zur Nullhypothese $H_0 : \beta_1 = 0$ gehörende t-Statistik kann direkt aus dem Schätzoutput abgelesen werden. Ihr Wert beläuft sich auf -2,9282. Es gilt also, dass der Betrag der t-Statistik deutlich über dem kritischen Niveau zum 5% von 1,968 liegt, so dass die Nullhypothese verworfen werden muss. Die Konstante ist also signifikant von null verschieden.

d) Für die Nullhypothese $H_0 : \beta_{2,0} = 3$ wird die relevante t-Statistik nicht ausgewiesen. Sie kann aber aus den verfügbaren Informationen berechnet werden:

$$t - Stat = \frac{\hat{\beta}_2 - \beta_{2,0}}{\hat{\sigma}_{\hat{beta}_2}} = \frac{3,4058 - 3}{0,1635} = 2,4820$$

Da die Teststatistik betragsmäßig größer als der kritische Wert ist, muss die Nullhypothese verworfen werden.

2.7.10. a) Der Koeffizient für C entspricht dem Schätzwert $\hat{\beta}_1$ für β_1. Dieser gibt den y-Achsenabschnitt der Regressionsgerade an, d.h. diejenige Kriminalitätsrate, die zu erwarten wäre, wenn in dem Bezirk Null Polizisten arbeiten würden. Es ergeben sich knapp 62 Straftaten pro 1 000 Einwohner. Der Koeffizient ist zum 5%-Niveau signifikant von 0 verschieden (t-Statistik deutlich größer als 1,968 bzw. p-Wert deutlich kleiner als 0,05).
Der Koeffizient von POLPC ist der geschätzte Wert für β_2. Dieser weist aus, dass pro zusätzlichem Polizisten je 1 000 Einwohner die Kriminalitätsrate schätzungsweise um 17 Straftaten je 1 000 Einwohner ansteigen würde. Der Koeffizient ist ebenfalls zum 5%-Niveau klar signifikant von 0 verschieden (t-Statistik deutlich größer als 1,968 bzw. p-Wert deutlich kleiner als 0,05).

b) Als unmittelbare Empfehlung würde man ableiten, dass die Anzahl Polizisten möglichst weitgehend reduziert werden sollte – im Prinzip bis auf den Wert von null. Dann würde das Modell die geringste erwartete Kriminalitätsrate prognostizieren. Diese Schlussfolgerung erscheint auf den ersten Blick aber der Intuition zu widersprechen.

c) Zunächst einmal ist festzuhalten, dass mit einem Regressionsmodell lediglich konditionale Korrelation und nicht unmittelbar Kausalität abgebildet wird. In der konkreten Anwendung wäre es beispielsweise denkbar, dass umgekehrte Kausalität vorliegt, wenn beispielsweise in einem Bezirk, in dem die Kriminalitätsrate höher ist, auch mehr Polizisten eingesetzt werden. In diesem Fall wäre die erklärende Größe POLPC selbst endogen, da abhängig von der zu erklärenden Größe CRMRTE.
Ein weiteres Problem könnte durch die Messung der Kriminalitätsrate entstehen. Insofern es sich dabei um die von der Polizei erfassten Fälle handelt, liegt es nahe zu vermuten, dass die gemessene Rate durch mehr Polizisten steigt, ohne dass die tatsächliche Rate sich notwendigerweise verändert. In diesem Fall würde nur das so genannte "Dunkelfeld" verkleinert. Solche Probleme werden häufig unter dem Stichwort "Messfehler" diskutiert.
Schließlich fehlen auch eine Reihe wichtiger weiterer Erklärungsfaktoren, die auch einen Einfluss auf die Kriminalitätsrate aufweisen und möglicherweise auch mit der Anzahl der eingesetzten Polizisten korrelieren. Auf das Fehlen weiterer Variablen deutet das R^2 mit einem Wert von 0,1343 hin, wonach nur gut 13% der Variation der Kriminalitätsrate durch die Korrelation mit der Anzahl an eingesetzten Polizisten beschrieben werden kann. Als Beispiel für fehlende Variablen könnte

man beispielsweise den Vatikanstaat betrachten, welcher bei sehr hohen Sicherheitsvorkehrungen (vielen eingesetzten Polizisten) eine hohe Kriminalitätsrate aufweist. Begründen lassen sich beide hohen Werte durch die vielen Touristen und dadurch möglicherweise angezogene Taschendiebe.

142　Kapitel 5. Musterlösungen

2.8 Residuenanalyse und Überprüfung der Modellannahmen

2.8.1. a) Das Modell lässt sich wie folgt notieren:

$$ln(M3_t) = \beta_0 + \beta_1 \cdot ln(BIP_t) + \beta_2 \cdot ln(R_t) + \varepsilon_t.$$

b) Da es sich bei den Elementen der Funktion um Logarithmen handelt, bezeichnet der Koeffizient β_1 die Einkommenselastizität der Geldnachfrage. Für diesen Fall bedeutet das, dass ein Anstieg des BIP um 1% zu einem Anstieg der Geldmenge M3 um etwa 1,19% führt.

c) Die Durbin-Watson-Statistik ermöglicht den Test auf Autokorrelation erster Ordnung (H_0: Es liegt keine Autokorrelation erster Ordnung vor). In der Aufgabe beträgt der Wert $DW=1{,}3701$. Also gilt $DW < 1{,}6$, weshalb die Nullhypothese zum 5%-Niveau verworfen werden muss und von einer (positiven) Autokorrelation erster Ordnung ausgegangen werden sollte.

d) Durch die Einführung des Euro (zunächst als Verrechnungseinheit) im Januar 1999 ergibt sich ein Strukturbruch, weil eine Abgrenzung nationaler Geldmengen im Hinblick auf ihren Einsatz als Transaktionsmittel nur noch bedingt möglich ist.

2.8.2. a) Die strengsten Voraussetzungen für die Anwendung von t- und F-Test in der statistischen Inferenz sind die in der Aufgabenstellung genannten, d.h.

(1) Konstante Varianz der Fehlerterme, d.h. $Var(\varepsilon_t) = \sigma_t \equiv \sigma$. Das bedeutet, dass zum Beispiel die (absolute) Größe der Fehlerterme nicht im Zeitablauf systematisch zu- oder abnehmen sollte.

(2) Die Fehlerterme ε_t und ε_s für unterschiedliche Beobachtungen $t \neq s$ sollen unabhängig, also insbesondere nicht korreliert sein. Das bedeutet zum Beispiel, dass es nicht längere Phasen mit nur positiven oder nur negativen Fehlertermen geben sollte.

(3) Die Fehlerterme ε_t sollen aus einer Normalverteilung mit Erwartungswert 0 und Varianz σ^2 stammen, also $\varepsilon \sim \mathcal{N}(l, \sigma^\varepsilon)$. Diese Annahme ist oft begründet, da die Fehlerterme eine Vielzahl kleinerer Einflussfaktoren zusammenfassen, so dass der zentrale Grenzwertsatz gelten kann. Allerdings trifft dies nicht immer zu.

Sind nicht alle Annahmen erfüllt, können zwar sowohl die Kleinste-Quadrate-Schätzung durchgeführt als auch die t- und F-Statistiken berechnet werden. Allerdings verliert die Kleinste-Quarate-Schätzung dann möglicherweise ihre positiven Eigenschaften wie Unverzerrtheit, Konsistenz und Effizienz. Für die berechneten t- und F-Statistiken gilt in diesem Fall nicht mehr notwendig, dass kritische Werte aus den entsprechenden Tabellen der t- beziehungsweise F-Verteilungen entnommen werden können, d.h. die Statistiken folgen nicht mehr der t- oder

F-Verteilung. Das übliche Vorgehen zur Überprüfung einer Nullhypothese wie $\beta_2 = 0$ auf Basis der zugehörigen t-Statistik und der kritischen Werte aus der Tabelle der t-Verteilung ist nicht mehr korrekt.

Da die Fehlerterme ε_t selbst nicht beobachtbar sind, basieren alle Verfahren zur Überprüfung der genannten Eigenschaften auf den geschätzten Residuen $\hat{\varepsilon}_t$.

b) Die Überprüfung der Nullhypothese, dass die Fehlerterme normalverteilt sind, kann mit Hilfe der Jarque-Bera Statistik erfolgen (vgl. hierzu auch Abschnitt 8.4 im Lehrbuch "Empirische Wirtschaftsforschung und Ökonometrie", SpringerGabler, 2017, 4. Aufl.). Die Statistik basiert auf einem Vergleich der empirischen Schiefe und Kurtosis der Residuen mit den entsprechenden Werten einer Normalverteilung (Schiefe: 0, Kurtosis: 3). Nimmt die Statistik große Werte an, bedeutet dies, dass die empirische Verteilung in ihrer Form deutlich von einer Normalverteilung abweicht. Die Nullhypothese der Normalverteilung der Residuen wird zum 5% Niveau verworfen, wenn die Teststatistik größer als 5,99 ist (95%-Quantil der χ^2-Verteilung mit 2 Freiheitsgraden).

c) Ein Test, um die Nullhypothese der konstanten Varianz zu überprüfen ist der White-Test (vgl. hierzu auch Abschnitt 8.3 im Lehrbuch "Empirische Wirtschaftsforschung und Ökonometrie", SpringerGabler, 2017, 4. Aufl.). Dabei wird versucht, die quadrierten Residuen $\hat{\varepsilon}_t^2$ durch die erklärenden Variablen des Modells, deren Quadrate und gemischte Terme im Fall von mehreren erklärenden Variablen zu erklären. Haben alle diese Faktoren gemeinsam einen Erklärungsgehalt, was beispielsweise mit Hilfe eines F-Tests berechnet werden kann, ist dies ein klarer Hinweis auf eine nicht konstante Varianz, so dass die Nullhypothese verworfen werden muss.

d) Eine Abhängigkeit der Fehlerterme hat in der Regel die gravierendsten Auswirkungen auf Schätzung und Inferenz. Daher gibt es zur Überprüfung der Nullhypothese der Unabhängigkeit auch eine Reihe von Verfahren für unterschiedliche Einsatzzwecke (vgl. hierzu auch Abschnitt 8.5 im Lehrbuch "Empirische Wirtschaftsforschung und Ökonometrie", SpringerGabler, 2017, 4. Aufl.). Das einfachste Verfahren, das allerdings nur auf Autokorrelation 1. Ordnung testet (also nur, ob ε_t und ε_{t-1} korreliert sind) und auch nicht für dynamische Modelle geeignet ist, stellt die Durbin-Watson-Statistik dar, die aus den Residuen $\hat{\varepsilon}_t$ berechnet werden kann. Die kritischen Werte für diese Statistik hängen auch von den Beobachtungen ab, so dass sie nicht allgemein angegeben werden können. In der Praxis ist es aber üblich, die Nullhypothese "keine Autokorrelation 1. Ordnung" zum 5%-Niveau abzulehnen, wenn der Wert der Durbin-Watson-Statistik DW unter 1,6 fällt oder über 2,4 steigt. Der Annahmebereich ist damit das Intervall $[1,6; 2,4]$.

e) Abhängigkeit der Fehlerterme (Autokorrelation) ist primär ein Problem bei der Analyse von Zeitreihen oder räumlich strukturierten Daten. Typische Ursachen sind unter anderem das Fehlen wichtiger erklärender Variablen, Strukturbrüche oder eine falsche funktionale Form. Fehlt eine wichtige erklärende Variable, wird sich deren Einfluss im Fehlerterm niederschlagen. Handelt es sich dabei um eine ökonomische Variable, z.B. den Zinssatz in einer Konsumfunktion, ist diese häufig selbst über die Zeit abhängig, was sich auf den Fehlerterm überträgt. Bei Strukturbrüchen führt sowohl eine plötzliche Niveauverschiebung der abhängigen Variablen als auch eine Veränderung des Steigungsparameters dazu, dass die Fehlerterme über längere Phasen dasselbe Vorzeichen bekommen. Dieser Effekt lässt sich auch grafisch veranschaulichen, wie in der folgenden Abbildung 5.1 aus dem Lehrbuch "Empirische Wirtschaftsforschung und Ökonometrie" (SpringerGabler, 2017, 4. Aufl.). Es lässt sich aus dem Vergleich von gestrichelter Regressionsgerade und Datenpunkten unschwer erkennen, dass die Residuen zunächst meist positiv, im mittleren Bereich meist negativ und gegen Ende des Zeitraums wieder meist positiv sind, so dass von Autokorrelation auszugehen ist. Ein ähnliches Bild ergibt sich auch, wenn beispielsweise ein in Wirklichkeit quadratischer Zusammenhang allein durch eine lineare Regressionsgerade abgebildet werden soll.

Abb. 5.1. Regression mit Strukturbruch

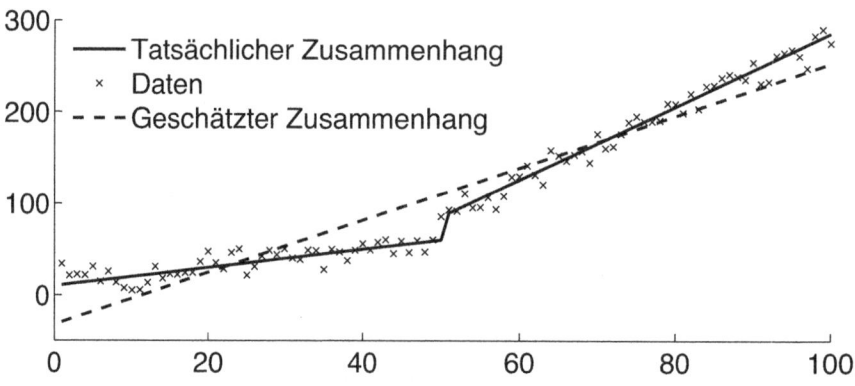

2.8.3. a) Mit Hilfe des Durbin-Watson-Tests wird die Nullhypothese überprüft, dass die Residuen keine Autokorrelation erster Ordnung aufweisen. Dazu wird für die Fehlerterme ein AR(1)-Prozess angenommen

$$\varepsilon_t = \rho \varepsilon_{t-1} + v_t$$

Dabei ist v_t eine unabhängig normalverteilte Zufallsgröße. Die Teststatistik ist für die Residuen $\hat{\varepsilon}_t$ gegeben durch:

$$DW = \frac{\sum_{t=1}^{T} \hat{\varepsilon}_t - \hat{\varepsilon}_t}{\sum_{t=1}^{T} \hat{\varepsilon}_{t-1}}$$

Exakte kritische Werte von *DW* sind abhängig von den Koeffizienten. Daher gilt als Faustregel, dass die Nullhypothese ($\rho = 0$) auf einem 5%-Signifikanzniveau verworfen werden muss, wenn *DW* einen Wert kleiner als 1,6 oder größer als 2,4 annimmt. Demnach kann im hier betrachteten Modell die Nullhypothese nicht abgelehnt werden. Dies ist kein überraschendes Ergebnis, da es sich hierbei um eine Querschnittanalyse für das Jahr 2001 handelt und somit keine Autokorrelation der Residuen zu erwarten ist.

b) Unter der Nullhypothese der Normalverteilung folgt die Jarque-Bera-Statistik einer asymptotischen χ^2-Verteilung mit zwei Freiheitsgraden. Die Nullhypothese kann im vorliegenden Fall zum 1%-Niveau verworfen werden, da $2,82 \cdot 10^9$ den kritischen Wert von 9,21 deutlich übersteigt. Die Nullhypothese „Normalverteilung der Fehlerterme" ist daher zu verwerfen.

c) Im vorliegenden Fall wurden die quadrierten Residuen auf die quadrierten erklärenden Variablen und deren Kreuzprodukte regressiert. Es handelt sich hierbei um den White-Test mit dem die Nullhypothese vorliegender Homoskedastie der Residuen überprüft werden kann.
Mittels des *F*-Tests kann überprüft werden, ob die Nullhypothese $\beta_1 = \beta_2 = \beta_3 = \beta_4 = 0$ verworfen werden muss. Im hier besprochenen Beispiel liegt die F-Statistik bei $F = 3247,95$. Somit kann die Nullhypothese abgelehnt werden und die Residuen weisen keine konstante Varianz auf.

2.8.4. a) Der Koeffizient des logarithmiertem pro-Kopf-Einkommens weist ein positives Vorzeichen auf. Ein Anstieg des pro-Kopf-Einkommens um 1%, also von `LOG GDP` um 0,01 würde würde somit ceteris paribus zu einem Anstieg des Happiness Scores um $0,125 \cdot 0,01$ Einheiten führen. Dieser Effekt ist jedoch statistisch nicht signifikant von null verschieden, wie sich aus der *t*-Statistik von 1,1609 ablesen lässt.

Die Lebenserwartung (`LIFE EXPECTANCY`) wird in Jahren gemessen und weist ebenfalls ein positives Vorzeichen auf. Ein Anstieg der Lebenserwartung um ein Jahr würde demnach zu einem Anstieg des Happiness Scores um 0,0506 Einheiten führen. Dieser Effekt ist ausweislich der *t*-Statistik von 3,2122 und des ebenfalls ausgewiesenen *p*-Wertes dazu (`Prob.`) zum 5%- und sogar 1% signifikant von null verschieden.

b) Die Durbin-Watson-Statistik ermöglicht den Test auf Autokorrelation erster Ordnung. In der vorliegenden Regression beträgt der Wert

DW=1,627991, weshalb die Nullhypothese einer (positiven) Autokorrelation erster Ordnung nicht verworfen werden kann. Dieses Ergebnis entspricht auch den Erwartungen, da in der vorliegenden Regression eine Querschnittanalyse und keine Zeitreihenanalyse durchgeführt wurde. Die Länder in der Stichprobe waren dabei alphabetisch geordnet, so dass sich Autokorrelation nur dann ergeben würde, wenn Länder mit ähnlichen Anfangsbuchstaben ähnliche Abweichungen von der geschätzten Regressionsgleichung aufweisen würden.

c) Auf der *x*-Achse der Grafik sind die Werte für SOCIAL SUPPORT der betrachteten Länder abgetragen. Zu jeder beobachteten Höhe des Social Supports sind die zugehörigen geschätzten Residuen RESID auf der *y*-Achse abgetragen. Dabei lässt sich bei genauer Betrachtung ein sich nach rechts oben schließender Kegel beobachten. Die Abweichungen von der geschätzten Regressionsgleichung scheinen also mit zunehmendem Social Support eher abzunehmen. Dies lässt auf einen negativen Zusammenhang zwischen Happiness Score und der Varianz der Residuen schließen. Somit liegt die Vermutung nahe, dass die vorliegenden Störterme heteroskedastisch sind. Dies sollte durch einen formalen Test überprüft werden.

d) Der vorliegende White-Test hat die Nullhypothese: "Die Störterme sind homoskedastisch". Bei genauem Hinsehen lässt sich aus der angegebenen Anzahl von Freiheitsgraden (6) schlussfolgern, dass hier die Version des Tests ohne Kreuzprodukte eingesetzt wurde.

Im hier vorliegenden Beispiel liegt die F-Statistik bei 3.123. Aus dem nach F(6,119) angegebenen *p*-Wert von unter 0.05 kann abgelesen werden, dass die Nullhypothese zum 5%-Niveau abgelehnt werden muss. Die Residuen weisen also keine konstante Varianz auf. Dies hat zur Folge, dass die Inferenzaussagen nicht auf den richtigen Verteilungsannahmen basieren und die Schätzung der Varianz der geschätzten Parameter verzerrt sein kann.

2.9 Qualitative Variable

2.9.1. a) Es liegt perfekte **Multikollinearität** vor. Die Dummyvariablen Arbeiter, Angestellter und Beamter sind perfekt miteinander korreliert und lassen sich durch folgende Linearkombination darstellen:

$$1 = X_{1i} + X_{2i} + X_{3i}$$

Als Konsequenz lässt sich der KQ-Schätzer $\hat{\beta}$ nicht mehr berechnen, da die Matrix $X'X$ singulär und somit nicht invertierbar ist.

b) Um dieses Modell dennoch schätzen zu können, muss entweder auf i) die Konstante oder ii) auf eine der perfekt multikollinearen Dummyvariablen verzichtet werden.

i) ohne Konstante

$$Lohn_i = \alpha_1 Schule_i + \alpha_2 Alter_i + \alpha_3 Arbeiter_i \\ + \alpha_4 Angestellter_i + \alpha_5 Beamter_i + \varepsilon_i$$

ii) ohne Dummyvariable Beamter

$$Lohn_i = \alpha_0 + \alpha_1 Schule_i + \alpha_2 Alter_i + \alpha_3 Arbeiter_i \\ + \alpha_4 Angestellter_i + \varepsilon_i$$

α_4 und α_5 sind nun als Effekte der Beschäftigungsverhältnisse Arbeiter oder Angestellter relativ zum Status „Beamter" zu interpretieren (bei konstantem Alter und konstanter Schulbildung).

2.9.2. Zur Erläuterung des linearen Wahrscheinlichkeitsmodells einschließlich eines Beispiels siehe Kapitel 9.2 im Lehrbuch "Empirische Wirtschaftsforschung und Ökonometrie" (SpringerGabler, 2017, 4. Aufl.). Ein wesentlicher Vorteil gegenüber anderen Schätzverfahren liegt in der direkten Interpretierbarkeit der Koeffizienten als marginale Effekte auf die Wahrscheinlichkeit der Ausprägung 1. Dafür treten bei der Verwendung des linearen Wahrscheinlichkeitsmodells insbesondere die folgende drei Probleme häufig auf:

a) Die durch das Modell prognostizierten Werte, die als Wahrscheinlichkeiten für die Ausprägung 1 interpretiert werden, liegen nicht notwendigerweise im Intervall $[0,1]$ beziehungsweise $[0\%, 100\%]$.

b) Das lineare Wahrscheinlichkeitsmodell weist heteroskedastische Fehlerterme auf. Dies lässt sich jedoch unter Zuhilfenahme von heteroskedastiekonsistenten Standardfehlern oder durch die Verwendung einer gewichteten Kleinste-Quadrate Schätzung berücksichtigen.

c) Die Fehlerterme sind nicht normalverteilt.

2.9.3. a) Das erwartete Einkommen für *Männer mit Abitur* ist

$$E(Lohn|DSEX = 0, DABI = 1) = 3852{,}73 + 2163{,}30 = 6016{,}03,$$

während das erwartete Durchschnittseinkommen für *Frauen mit Abitur* auf

$$E(Lohn|DSEX = 1, DABI = 1)$$
$$= 3852{,}73 + 2163{,}30 - 1809{,}48 - 1074{,}17 = 3132{,}38$$

geschätzt wird. Beachten Sie, dass bei den Frauen auch der Interaktionsterm zu berücksichtigen war.

Das erwartete Durchschnittseinkommen für *Männer ohne Abitur* beträgt laut Schätzung

$$E(Lohn|DSEX = 0, DABI = 0) = 3852{,}73$$

wohingegen das erwartete Durchschnittseinkommen für *Frauen ohne Abitur* bei

$$E(Lohn|DSEX = 1, DABI = 0) = 3852{,}73 - 1809{,}48 = 2043{,}25$$

liegt.

b) Der Interaktionsterm gibt an, um wie viel der geschätzte Abitureffekt zwischen Männern und Frauen differiert. Demnach ist der positive Einkommenseffekt des Abiturs für Frauen im Erwartungswert um geschätzte 1074.17 Euro geringer als für ihre männlichen Pendants.

c) Der Durchschnittslohn von Frauen und Männern lässt sich mit Hilfe der Ergebnisse aus Aufgabenteil a) berechnen. Somit ergibt sich der Durchschnittslohn von Frauen als 2043,25 · (1-0,4) + 3132,38 · 0,4 = 2478,90 Euro. Der Durchschnittslohn der Männer beträgt 3852,73 · (1-0,1) + 6016,03 · 0,1 = 4049,06 Euro In der Gesamtbevölkerung würden somit Männer, trotz der Annahme der (angenommenen) deutlich geringeren Abiturquote von 10%, im Durchschnitt mehr verdienen als Frauen.

2.9.4. Betrachtet man die Ergebnisse der Kleinste-Quadrate-Schätzung für den kompletten 46 Jahre umfassenden Beobachtungszeitraum, so lässt sich das geschätzte Modell wie folgt notieren:

$$\widehat{C}_t = 2.0424 + 0{,}8857 \cdot Y_t^v + 1{,}8942 \cdot D91_t + 0.0005 \cdot D91_t \cdot Y_t^v$$
$$= (2.0424 + 1{,}8942 \cdot D91_t) + (0{,}8857 + 0{,}0005 \cdot D91_t) \cdot Y_t^v,$$

wobei C_t den privaten Konsum und Y_t^v das verfügbare Einkommen, jeweils zum Zeitpunkt t, darstellt. Mit der ebenfalls in die Regressionsgleichung eingeführten Dummy-Variablen $D91_t$ (Wert 0 bis 1990.4, 1 ab 1991.1) soll ein nach der Wiedervereinigung möglicher Strukturbruch im Konsumverhalten der Deutschen modelliert werden, welcher sowohl den autonomen Konsum als auch die marginale Konsumquote betroffen haben könnte.

Zeigen durchgeführte Residuentests, dass die an die Störterme ε_t gestellten Anforderungen erfüllt sind, so lassen sich die geschätzten Koeffizienten wie folgt interpretieren:

a) Es wird ersichtlich, dass eine Schätzung der Konsumfunktion nur mit westdeutschen Quartalsdaten (d.h. $D91_t = 0$) eine marginale Konsumquote von 88,6% ausweist.

b) Die Konsumquote hat sich nach der Wiedervereinigung ($D91_t = 1$) um knapp 0,05 Prozentpunkte erhöht. Für die letzten fast 30 Jahre der Stichprobe ergibt sich somit für Gesamtdeutschland eine marginale Konsumquote von circa $100 \cdot [\widehat{\beta_2} + \widehat{\beta_4}] = 100 \cdot [0,8857 + 0,0005] = 89,1\%$

c) Die ebenfalls im Schätzoutput abzulesenden t-Statistiken und p-Werte der Koeffizientenschätzer lassen darüber hinaus speziell noch folgende Inferenzaussage zu: Der geschätzte Wert für β_4 ist für sich genommen nicht signifikant von null verschieden. Da sein zugehöriger p-Wert größer ist als ein gewähltes Signifikanzniveau von $\alpha = 0,05$, kann die Nullhypothese der langfristigen Stabilität des einkommensabhängigen Konsums (H0 : $\beta_4 = 0$) nicht verworfen werden. Die marginale Konsumneigung nach der Wiedervereinigung ist folglich nicht signifikant von der zuvor im westdeutschen Bundesgebiet beobachteten verschieden. Es ist somit nicht notwendig, einen Strukturbruch in den Parametern der Konsumfunktion zu modellieren.

In den Jahren unmittelbar nach der Wiedervereinigung waren teils signifikante Veränderungen in der marginalen Konsumneigung zu beobachten. Diese waren möglicherweise durch weitere, im Modell nicht berücksichtigte Variablen wie Vermögen, Einkommensverteilung oder Zinsen verursacht oder aber auch durch andere Konsummuster in den neuen Bundesländern. Allerdings hat sich der Einfluss dieser Faktoren im Zeitverlauf offenbar so stark abgeschwächt, dass für den gesamten Zeitraum seit der Wiedervereinigung insgesamt keine statistisch signifikante Veränderung in der marginalen Konsumneigung mehr zu erkennen ist.

2.9.5. Keine Musterlösung.
Lösungshinweis: Sie finden Hinweise zur Beantwortung dieser Frage auf S. 214–218 des Lehrbuchs "Empirische Wirtschaftsforschung und Ökonometrie" (SpringerGabler, 2017, 4. Aufl.).

150　Kapitel 5. Musterlösungen

2.9.6. a) Es wird die Wahrscheinlichkeit für $\text{ABITUR}_i = 1$ bei gegebenen Werten für die erklärende Variable GENDER_i geschätzt. Dazu wird unterstellt, dass es eine latente Größe A_i^* („Abiturneigung") gibt, die sich linear modellieren lässt, also

$$A_i^* = \beta_1 + \beta_2 \text{GENDER}_i + \varepsilon_i.$$

Die Verknüpfung der unbeobachtbaren Variable A_i^* mit den beobachteten Realisierungen erfolgt, indem unterstellt wird, dass beim Überschreiten eines unbekannten Schwellenwertes c die Ausprägung $A_i = 1$ vorliegt und sonst $A_i = 0$.

$$\text{ABITUR}_i = \begin{cases} 1, & \text{falls } A_i^* > c \\ 0, & \text{falls } A_i^* \leq c \end{cases}$$

Zu bestimmen sind demnach die Koeffizienten β_1 und β_2 sowie die Varianz der ε_i (σ^2). Somit kann die Wahrscheinlichkeit, Abitur zu haben, wie folgt berechnet werden:

$$\text{Prob}(\text{ABITUR}_i = 1|\text{GENDER}_i) = \text{Prob}(A_i^* > c|\text{GENDER}_i)$$
$$= \text{Prob}(\varepsilon_i > ((c - \beta_1) - \beta_2 \text{GENDER}_i)).$$

Unter der üblichen Annahme, dass die Störterme (ε_i) normalverteilt sind mit Erwartungswert 0 und Varianz σ^2, ergibt sich:

$$\text{Prob}(\text{ABITUR}_i = 1|\text{GENDER}_i) = \underbrace{\Phi\left(\frac{\beta_1 + \beta_2 \text{GENDER}_i}{\sigma}\right)}_{Standardnormalverteilung}$$

b) Die Frauen in der Stichprobe (GENDER = 1) weisen eine geringere Wahrscheinlichkeit auf, das Abitur zu haben, als die Männer. Die Hypothese $\beta_2 = 0$ kann (asymptotisch) zum 1%-Niveau verworfen werden, da die Z-Statistik einen Wert von -11,235 aufweist (dieser Wert muss mit dem kritischen Wert der Standardnormalverteilung verglichen werden). Der Effekt des Geschlechts auf den Schulabschluss ist also signifikant von null verschieden.

Eine direkte Interpretation der Größe der Koeffizienten wie im linearen Regressionsmodell kann jedoch nicht erfolgen. Dazu müssen die marginalen Effekte berechnet werden, d.h. die partiellen Ableitungen der bedingten Wahrscheinlichkeit $\text{Prob}(\text{ABITUR}_i|\text{GENDER}_i)$ nach den erklärenden Variablen. Diese Werte unterscheiden sich jedoch in der Regel von Beobachtung zu Beobachtung. Daher wird häufig der Mittelwert der marginalen Effekte über alle Beobachtungen hinweg ausgewiesen.

c) Für ε wird anstelle der Normalverteilung eine logistische Verteilung unterstellt.

2.9.7. Bei der Interpretation der Ergebnisse ist zu berücksichtigen, dass in der Tabelle nicht die geschätzten Parameter im Probit-Modell sonder die daraus resultierenden marginalen Effekte am Mittelwert aller erklärenden Variablen ausgewiesen werden.

a) Aus dem positiven marginalen Effekt der Dummy `Male` kann unmittelbar geschlossen werden, dass italienische Männer ceteris paribus eine höhere Wahrscheinlichkeit haben, in riskante Anlagen am Finanzmarkt zu investieren, als Frauen. Der Effekt ist statistisch signifikant zum 1% Niveau.

b) Der signifikant positive marginale Effekt des logarithmierten Einkommens auf die abhängige Variable `Risky` liefert die Erkenntnis, dass in Italien lebende Personen mit höherem logarithmierten Einkommen mit einer höheren Wahrscheinlichkeit in riskante Anlagen am Finanzmarkt investiert haben. Eine 1-prozentige Erhöhung des Einkommens (dies entspricht einer Veränderung von `ln(Income)` um 0.01) erhöht demnach die Wahrscheinlichkeit, risikobehaftete Finanzanlagen zu investieren um $0.117 \cdot 0.01 = 0.0017$ also um 0,0117%.

c) Die marginalen Effekte für die steigenden Vermögensquantile nehmen zu. Der marginale Effekt für `II Wealth quartile` ist dabei nicht signifikant von Null verschieden. Die Wahrscheinlichkeit in risikobehaftete Anlagen zu investieren unterscheidet sich somit nicht signifikant zwischen dem 1. und 2. Quartil der Vermögensverteilung. Eine Zugehörigkeit zum 3. oder 4. Quartil hingegen erhöht ceteris paribus die Wahrscheinlichkeit in riskante Anlagen am Finanzmarkt zu investieren sehr deutlich und statistisch signifikant relativ zur Basiskategorie, d.h. zu den Personen mit den geringsten Vermögen.

2.9.8. Die Aussage ist in der vorliegenden Form nicht korrekt. Im linearen Wahrscheinlichkeitsmodell können die Koeffizienten direkt als partielle Ableitungen der bedingten Wahrscheinlichkeit Prob $(D_i|X_i)$ nach den erklärenden Variablen und damit als marginale Effekte interpretiert werden.

Hingegen können in einem Probit-Modell (und ebenso im Logit-Modell) lediglich die Vorzeichen der Koeffizienten wie im Fall des linearen Wahrscheinlichkeitsmodells (also der KQ-Schätzung) interpretiert werden. Ausgehend vom Modell für die latente Größe: $D_i^* = \beta_1 + \beta_2 X_i + \varepsilon_i$ kann die Wahrscheinlichkeit, dass $D_i = 1$ ist, im Probit-Modell wie folgt berechnet werden:

$$\frac{\partial Prob(D_i = 1|X_i)}{\partial X_i} = \frac{\partial \Phi(\beta_1 + \beta_2 X_i)}{\partial X_i} = \phi(\boldsymbol{\beta}_1 + \beta_2 X_i \boldsymbol{\beta}) \cdot \beta_i,$$

wobei Φ die kumulierte Verteilungs- und ϕ die Dichtefunktion der Standardnormalverteilung bezeichnet. Sie finden weitere Hinweise zur Beantwortung dieser Frage auf S. 211-218 des Lehrbuchs "Empirische Wirtschaftsforschung und Ökonometrie" (SpringerGabler, 2017, 4. Aufl.).

2.9.9. a) Der Koeffizient der Variable Gross margin hat ein negatives Vorzeichen. Demnach ist der Einfluss der Bruttomarge auf die Wahrscheinlichkeit für eine Listung des Produktes negativ. Dies entspricht nicht der theoretischen Überlegung nach der ein Produkt, welches eine gute Bruttomarge vorweist, eine gesteigerte Chance haben müsste, in die Listen der Handelskette übernommen zu werden.

Um zu beantworten, ob der Effekt signifikant von null verschieden ist, wird die ausgewiesene χ^2-Statistik betrachtet. Umgerechnet ergäbe sich eine t-Statistik von $\sqrt{(10.30)} = 3.21$. Dieser Wert ist betragsmäßig größer als der kritische Wert zum 5%-Niveau von 1.96. Die Nullhypothese, dass die Variable keinen Einfluss hat, wird demnach zum 5%-Niveau verworfen. Der Effekt der Bruttomarge auf die Wahrscheinlichkeit der Listung ist also signifikant von null verschieden.

b) Aus den Ergebnissen kann nicht unmittelbar abgelesen werden, um wie viel Prozentpunkte die Wahrscheinlichkeit einer Aufnahme des Produktes bei Verdopplung der Bruttomarge steigt, da das vorliegende Modell ein Logit-Modell ist. Die angegebenen Koeffizienten dieses Modells können nicht wie beim linearen Wahrscheinlichkeitsmodell direkt inhaltlich interpretiert werden. Zunächst müsste dafür der marginale Effekt berechnet werden, der aber auch von den Werten aller anderen Variablen für eine bestimmte Beobachtung abhängt.

c) In der Tabelle stehen in den diagonalen Feldern die Anzahlen korrekter Modellprognosen: Oben links werden 125 Produkte gezählt, für die das Modell eine Aufnahme vorhersagt und die tatsächlich aufgenommen werden, während unten recht 413 Produkte ausgewiesen werden, für die das Modell keine Aufnahme vorhersagt und die auch nicht aufgenommen wurden. Die anderen beiden Einträge 98 und 51 stehen damit für fehlerhafte Prognosen. Da Modell würde dann eine perfekte Beschreibung liefern, wenn in diesen beiden Feldern neben der Diagonalen jeweils eine 0 stünde.

2.10 Trend- und Saisonbereinigung

2.10.1. HP-Filter

a) Die dargestellte Formel besteht im Wesentlichen aus zwei Teilen: der erste Teil $\sum_{t=1}^{T}(X_t - H_t)^2$ bestraft Abweichungen der durch den HP-Filter bestimmten glatten Komponente H_t von der betrachteten Zeitreihe X_t. Vernachlässigt man den zweiten Teil der Formel, so wäre demnach der optimale Wert der glatten Komponente zu jedem Zeitpunkt der Wert der betrachteten Zeitreihe selbst, da sich dann für jeden Zeitpunkt eine Differenz zwischen beiden Werten von null ergeben würde. Der in der Formel dargestellte Ausdruck würde somit minimiert. Da ein „Filter", der genau der ursprünglichen Zeitreihe entspricht, jedoch keinen Informationsgewinn liefert, sorgt der zweite Teil der Formel

$$\lambda \sum_{t=2}^{T-1}[(H_{t+1} - H_t) - (H_t - H_{t-1})]^2$$

für eine Glättung der mittels des HP-Schätzers ermittelten glatten Komponente. Je glatter jedoch der Trendverlauf ist, desto höher ist im Allgemeinen die Abweichung des Filters von der betrachteten Zeitreihe. Damit wird aus den zwei Teilen der Formel die für den HP-Filter charakteristische Abwägung zwischen guter Anpassung an die betrachtete Zeitreihe und Glättung des Trendverlaufs deutlich. Diese Abwägung führt zu einem wie „von Hand gemalten" Verlauf des HP-Filters.

Die Gewichtung der Glättung des Filters relativ zur Anpassung lässt sich über den Parameter λ kalibrieren. Ein niedriger Wert impliziert eine geringe Gewichtung der Glättungskomponente und somit eine starke Anpassung an die betrachtete Zeitreihe. Für $\lambda = 0$ fällt der zweite Teil der Formel weg und der Verlauf der glatten Komponente des HP-Filters entspricht demjenigen der ursprünglichen Zeitreihe. Mit zunehmendem λ wird der Verlauf des Filters dann glatter. Im Extremfall $\lambda \to \infty$ wird der Trendverlauf zu einer Geraden.

b) Der Verlauf des durch den HP-Filter ermittelten Trends am aktuellen Rand kann sich durch neu eintreffende Werte der betrachteten Zeitreihe stark verändern. Dies vermindert die Verlässlichkeit von Aussagen in empirischen Arbeiten, die auf Grundlage der Entwicklung des Trends getroffen werden. Diese Problematik soll an Hand eines kleinen Beispiels im Folgenden erläutert werden:

Oftmals wird der HP-Filter verwendet, um den Trend- oder Potentialoutput einer Volkswirtschaft zu bestimmen. Dies geschieht, indem eine Filterung der ursprünglichen Bruttoinlandsprodukt-Zeitreihe vorgenommen wird. Liegt dann das tatsächliche BIP eines Jahres über dem Wert des Trends, so wird dies als Zeichen einer guten wirtschaftlichen Lage interpretiert, im umgekehrten Fall wird von einer Unterauslastung der Volkswirtschaft ausgegangen. Nun sei angenommen, dass der Trendverlauf zunächst auf Grundlage der Zeitreihe des BIP von der Periode t_0 bis zur Periode t_n berechnet wird, um Aussagen über den Zustand der Volkswirtschaft in t_n zu treffen. Möglicherweise liegt das tatsächliche BIP in t_n dann unterhalb des Trendverlaufs. Somit würde man zunächst auf eine Unterauslastung der Volkswirtschaft in t_n schließen. Im Folgenden wird dann der Wert des BIP für die Periode t_{n+1} bekannt, wobei im Beispiel von einem starken Rückgang des BIP-Wertes im Vergleich zur Periode t_n ausgegangen werden soll. Anschließend wird der Trendverlauf mit dem neuen Datenpunkt erneut berechnet. Der Trend wird dann am aktuellen Rand durch das schlechte wirtschaftliche Abschneiden in t_{n+1} nach unten gezogen. Dies sorgt möglicherweise dafür, dass der tatsächliche Wert des BIP in t_n plötzlich nicht mehr unter, sondern über dem Trendverlauf liegt. Nun wäre also auf Grundlage des HP-Filters von einer positiven Konjunkturlage der Volkswirtschaft in t_n auszugehen, die in t_n selbst getroffene Feststellung einer Unterauslastung wäre hinfällig. Dieses Beispiel zeigt, wie das Endpunktproblem für eine erhebliche Unsicherheit der auf Grundlage des HP-Filters getroffenen Feststellungen am aktuellen Rand sorgt.

2.10.2. a) Die Annahme eines additiven Zusammenhangs zur Zerlegung einer Zeitreihe ist sinnvoll, wenn die saisonalen Schwankungen unabhängig von der trendmäßigen Entwicklung erscheinen. Ein multiplikativer Zusammenhang hingegen ist angemessener, wenn Saison und zyklische Schwankungen proportional zum Niveau der Reihe sind. Für das verfügbare Einkommen ist eher von einem proportionalen Zusammenhang als von einer gleich bleibenden Schwankungsbreite auszugehen. Daher ist eine multiplikative Zerlegung der Zeitreihe zu bevorzugen.

b) Die Umsetzung ist über Logarithmieren der Zeitreihe möglich. Dadurch wird das multiplikative (nicht-lineare) in ein additives (lineares) Modell überführt:

$$Y_t^{verf} = log(T_t) + log(Z_t) + log(S_t) + log(\varepsilon_t)$$

wobei $log(\varepsilon_t)$ durch u_t ersetzt werden kann.

c) Eine Komponentenzerlegung setzt voraus, dass sich eine Zeitreihe in Trend-, Zyklus-, Saison- und irregulärer Komponente zerlegen lässt. Dies ist jedoch eine reine Modellannahme, die sich theoretisch nicht immer gut begründen lässt. Siehe hierzu auch die Ausführung in Kapitel 10.6 in "Empirische Wirtschaftsforschung und Ökonometrie" (Springer-Gabler, 2017, 4. Aufl.).

2.10.3. a) Die saisonale Komponente S_t einer Zeitreihe X_t kann, je nach Daten-Frequenz, in 2 (Halbjahresdaten), 4 (Quartalsdaten) oder 12 (Monatsdaten) Komponenten zerlegt werden [es ist durchaus auch möglich, noch kürzere Frequenzen zu wählen, z.B. Wochen, Tage]. Die betrachtete

Zeitreihe X_t lässt sich unter der hier vorliegenden Annahme einer additiven Zerlegung als

$$X_t = \alpha_1 S_{1t} + \alpha_2 S_{2t} + \cdots + \alpha_{12} S_{12t} + \varepsilon_t$$

schreiben. Für Monatsdaten kann der saisonale Effekt beispielsweise via

$$\hat{S}_t = \hat{\alpha}_1 S_{1t} + \hat{\alpha}_2 S_{2t} + \cdots + \hat{\alpha}_{12} S_{12t} = \sum_{i=1}^{12} \hat{\alpha} S_{it}$$

geschätzt werden, wobei S_{it} für eine Saison-Dummy steht, die im Monat i den Wert 1 und sonst den Wert null annimmt. Damit die Schätzung nicht unter exakter Multikollinearität leidet, darf entweder keine Konstante enthalten sein, oder eine Saison-Dummy muss bei der Schätzung weggelassen werden (die dafür implementierte Konstante würde entsprechend den Durchschnitt der Variable X im 1. Monat widerspiegeln, falls S_{1t} weggelassen wird).

b) Die ausgewiesenen t-Statistiken, berechnet durch

$$t = \frac{\hat{\alpha}_i - 0}{\text{s.e.}(\hat{\alpha}_i)}$$

sind allesamt signifikant zu allen kritischen Niveaus, sodass $H_0 : \hat{\alpha}_i = 0$ verworfen werden muss. Die durchschnittlichen Werte von X_t sind demnach in jedem Monat signifikant von null verschieden. Allerdings lässt sich damit noch nichts über die Relevanz von Saisoneffekten aussagen, da hierfür geprüft werden müsste, ob sich die geschätzten Parameter $\hat{\alpha}_i$ voneinander unterscheiden. Dies könnte beispielsweise durch einen F-Test für die Nullhypothese $\alpha_1 = \alpha_2, \alpha_1 = \alpha_3, \ldots, \alpha_1 = \alpha_{12}$ (also „keine Saisoneffekte") erfolgen.

c) Die Modellprognose bildet die tatsächlichen Daten recht genau ab (worauf auch das hohe R^2 von 0.94 schließen lässt). In den Residuen tauchen zwar keine regelmäßigen saisonalen Schwankungen mehr auf (die Saisonbereinigung kann also als erfolgreich betrachtet werden), allerdings können Muster erahnt werden, da die Schwankungen der Residuen um null nicht unsystematisch erscheinen. Weitere Tests sind somit notwendig (z.B. DW-Test auf Autokorrelation der Residuen) um die Qualität der Schätzung und die Aussagekraft des t-Test zu eruieren.

2.10.4. a) Die Verwendung von Jahreswachstumsraten hat den Vorteil, dass sich saisonale Einflüsse eliminieren lassen, ohne dabei die saisonale Komponente direkt bestimmen zu müssen. Die Berechnung von stetigen jährlichen Renditen erlaubt damit einen Vergleich von gleichen Monaten. Dies ist jedoch gleichbedeutend mit meinem Informationsverlust über kurzfristige Veränderungen der Zeitreihe.

b) Aufgrund der gewählten ökonometrischen Modellierung für diese Daten muss man von verzerrten t-Statistiken ausgehen, da hier eine Überlappung der Intervalle vorliegt. Bei der Schätzung entsteht das Problem, dass Beobachtungen der Ursprungsvariablen s_t und s_{t-1} mehrfach auftauchen. Dies führt zu einer Unterschätzung der Schätzunsicherheit. Somit hat diese "scheinbare" Saisonbereinigung in dieser Variante möglicherweise fehlerhafte Inferenz zur Folge, d.h. es wird zu oft die Nullhypothese keines Einflusses einer erklärenden Variable (im konkreten Fall der vergangenen Renditen) verworfen, obwohl sie zutrifft.

c) Die vorliegende Schätzung mit Monatsrenditen ist der Regression aus Aufgabenteil b.) vorzuziehen, da das Risiko einer fehlerhaften Inferenz geringer ist. Das Ergebnis, dass es keine signifikante Abhängigkeit gibt, ist auch aus ökonomischer Sicht plausibler, da deutliche Abhängigkeiten in den Monatsrenditen von Anlegern auf dem Aktienmarkt gewinnbringend ausgenutzt werden könnten.

2.10.5. a) Man schätze den gleitenden Durchschnitt n-ter Ordnung

$$Y_t^{\phi n} = \alpha_0 + \alpha_1 X_t^{\phi n} + \varepsilon$$

mit

$$Y_t^{\phi n} = \frac{1}{2k+1}\left(Y_{t-k} + \cdots + Y_{t+k}\right)$$

für ungerades n sowie

$$Y_t^{\phi n} = \frac{1}{2k}\left(\frac{1}{2}Y_{t-k} + Y_{t-k+1} + \cdots + Y_{t+k-1} + \frac{1}{2}Y_{t+k}\right)$$

für gerades n (entsprechend wird auch der gleitende Durchschnitt für die Zeitreihe x_t ermittelt). Der Vorteil dieser Methodik ist die einfache Umsetzung. Allerdings gehen am Anfang und Ende jeweils k Beobachtungen verloren, die für die Berechnung der gleitenden Durchschnitte benötigt werden. Saisoneffekte werden durch das Verfahren lediglich geglättet, jedoch nicht vollständig heraus gerechnet. Gleichzeitig werden durch die gleitenden Durchschnitte auch konjunkturelle Komponenten „verwischt". Bei der Schätzung entsteht das Problem, dass einzelne Beobachtungen der Ursprungsvariablen y_t und x_t in mehreren Beobachtungen der gleitenden Durchschnitte auftauchen. Dies führt zu einer Unterschätzung der Schätzunsicherheit und damit tendenziell zu zu hohen t-Statistiken.

b) Auch hier erfolgt die Schätzung in zwei Schritten. Im ersten Schritt werden die HP-gefilterten Daten berechnet. Dies erfolgt durch die Lösung des Minimierungsproblems

$$\min[(Y_t - HP_t^y)^2 + \lambda \{(HP_{t+1}^y - HP_t^y) - (HP_t - HP_{t-1}^y)\}^2$$

Entsprechend wird auch HP_t^x berechnet. Der Gewichtungsterm λ wird je nach Datenfrequenz und/ oder „Glättungs-Präferenz" gewählt (je höher λ, desto höher die Gewichtung auf den hinteren Term und ergo desto stärker die Glättung der generierten HP_t Zeitreihe).

Im zweiten Schritt werden die generierten Zeitreihen aufeinander regressiert, i.e.

$$HP_t^y = \beta_o + \beta_1 HP_t^x + v_t$$

Vorteil des HP-Ansatzes ist die Flexibilität hinsichtlich der eigenen Anpassungspräferenz. So kann der Anwender frei zwischen einer genauen Abbildung der Daten oder einer möglichst glatten Trendkomponente wählen (im Extremfall ein linearer Verlauf, falls $\lambda \to \infty$ gewählt wird). Außerdem gehen im Gegensatz zur Methode der gleitenden Durchschnitte keine Beobachtungen am Rand der Stichprobe verloren. Ebenso wie bei der Methodik des gleitendes Durchschnitts läuft man auch beim HP-Filter Gefahr einer Scheinregression (messen eines Zusammenhangs der an sich nicht besteht), da die generierten Daten an sich nicht mehr – wie es die KQ-Methode verlangt – einem unabhängigen stochastischen Prozess folgen. Dadurch gelten die üblichen Verteilungsannahmen bezüglich t- und F-Tests nicht mehr, wodurch es zu fälschliches Schlussfolgerungen aus den Signifikanz-Tests kommen kann.

c) Saison-Dummies messen explizit den saisonalen Effekt (anstatt ihn lediglich zu glätten) und sind daher bei der Analyse *konstanter* saisonaler Muster vorzuziehen. Diese können in die Regressionsgleichung mit aufgenommen werden. Handelt es sich bei den vorliegenden Daten beispielsweise um Quartalsdaten, würde die Regression folgende Form annehmen

$$Y_t = \beta_1 S_{1t} + \beta_2 S_{2t} + \beta_3 S_{3t} + y_4 S_{4t} + \beta_5 X_t + \omega_t$$

wobei S_{it} die einzelnen Quartale erfasst. Bei dieser Methode, die den Vorteil hat, die einzelnen saisonalen Effekte ausdrücklich zu quantifizieren, muss jedoch darauf geachtet werden, dass man beim Formulieren der Regressionsgleichung entweder alle notwendigen Saison-Dummies einschließt oder ein Dummy durch die Konstante substituiert, da man anderenfalls exakte Multikollinearität erhält.

Ein möglicher Nachteil der Methode besteht darin, dass von einer konstanten Saisonfigur ausgegangen wird.

Kapitel 5. Musterlösungen

2.11 Dynamische Modelle

2.11.1. Allgemein lassen sich vier Argumente nennen, die eine dynamische Modellierung sinnvoll oder notwendig erscheinen lassen:

1. Nicht die aktuelle Größe einer Variablen, sondern deren Entwicklung im Zeitablauf ist relevant für eine Entscheidung.
2. Viele ökonomische Größen unterliegen einer Trägheit der Anpassung.
3. Erwartungen über die zeitliche Entwicklung einer Größe sind oft entscheidender als deren tatsächliche Realisierung.
4. Persistenz oder Hysterese.

In vielen ökonomischen Fragestellungen bietet es sich somit an, die dynamischen Aspekte explizit in der Modellierung zu berücksichtigen. Im einfachsten Fall erfolgt dies, in dem nur verzögerte Werte der erklärenden Variablen berücksichtigt werden:

$$Y_t = \beta_0 + \sum_{k=1}^{\infty} \beta_k X_{t-k+1} \varepsilon_t$$

Aus einem solchen Modell lässt sich sowohl die kurz- als auch die langfristige Auswirkung einer Veränderung der erklärenden Variablen ermitteln. Probleme ergeben sich hier jedoch bei der praktischen Umsetzung, da für hinreichend große k keine Beobachtungen mehr für X_{t-k} zur Verfügung stehen. Eine Möglichkeit, um die Anzahl von Parametern zu begrenzen, stellt in diesem Zusammenhang der Einsatz von Informationskriterien dar.

2.11.2. Ausgangspunkt ist das ADL(1,1)-Modell $Y_t = \alpha_0 + \alpha_1 Y_{t-1} + \beta_0 X_t + \beta_1 X_{t-1} + \varepsilon_t$. Mit den Definitionen $\Delta Y_t = Y_t - Y_{t-1}$ und $\Delta X_t = X_t - X_{t-1}$ erhält man

$$\Delta Y_t + Y_{t-1} = \alpha_0 + \alpha_1 Y_{t-1} + \beta_0 (\Delta X_t + X_{t-1}) + \beta_1 X_{t-1} + \varepsilon_t.$$

Verschieben von Y_{t-1} nach rechts (Subtraktion von $-Y_{t-1}$ auf beiden Seiten), Zusammenfassen der Terme und Ausklammern des Fehlerkorrekturterms ergibt:

$$\begin{aligned} \Delta Y_t &= \alpha_0 + (\alpha_1 - 1) Y_{t-1} + (\beta_0 + \beta_1) X_{t-1} + \beta_0 \Delta X_t + \varepsilon_t \\ &= \alpha_0 + \beta_0 \Delta X_t - \underbrace{\lambda}_{(1-\alpha_1)} (Y_{t-1} - \underbrace{\gamma}_{\frac{\beta_0+\beta_1}{1-\alpha_1}} X_{t-1}) + \varepsilon_t \end{aligned}$$

2.11.3. a) Es handelt sich um ein Fehlerkorrekturmodell.

b) Geschätzt wurde ein Fehlerkorrekturmodell folgenden Stils:

$$\Delta C_t = \beta_0 + \beta_1 \cdot \Delta Y_t^v - \gamma \cdot (C_{t-1} - \alpha_1 \cdot Y_{t-1}^v) + \beta_2 \cdot SD_1$$
$$+ \beta_3 \cdot SD_2 + \beta_4 \cdot SD_3 + \varepsilon_t$$
$$= \beta_0 + \beta_1 \cdot \Delta Y_t^v - \gamma \cdot C_{t-1} + \gamma \cdot \alpha_1 \cdot Y_{t-1}^v + \beta_2 \cdot SD_1$$
$$+ \beta_3 \cdot SD_2 + \beta_4 \cdot SD_3 + \varepsilon_t$$

c) Bei den aufgeführten Koeffizienten handelt es sich demnach um
- den direkten, kurzfristigen Effekt von Einkommensänderungen auf den privaten Konsum (β_1).
- die Reaktionsstärke des privaten Verbrauchs auf Abweichungen vom langfristigen Gleichgewicht (γ).
- dem Produkt aus Reaktionsstärke und langfristiger marginaler Konsumneigung ($\gamma \cdot \alpha_1$)

d) Die langfristige marginale Konsumneigung berechnet sich folgendermaßen:

$$\alpha_1 = \frac{0,472}{-(-0,505)}$$
$$= 0,935$$

e) Da es sich hierbei um den Quotienten zweier geschätzter Koeffizienten handelt, ist die Standardabweichung der so berechneten marginalen Konsumneigung nicht bekannt. Hypothesentests können daher für diesen Schätzwert mit den klassischen Methoden nicht durchgeführt werden.

f) Da der Parameter der kurzfristigen Anpassung (β_1) kleiner ist als der des langfristigen Gleichgewichts (α_1), erfolgt eine verzögerte Anpassung an den langfristigen Gleichgewichtszustand. In der Schockperiode wird der Konsum unmittelbar, d.h. in derselben Periode, angepasst, da $\beta_1 > 0$ ist. Jedoch gelangt der Konsum nicht bis auf das Niveau der Langfristlösung. Diese Differenz wird in den Folgeperioden jeweils um den Anteil γ von der noch verbliebenen Abweichung von der Langfristlösung angepasst. Die Skizze in Abbildung 5.2 verdeutlicht diese Anpassungsdynamik.

Abb. 5.2. Anpassungsdynamik im Fehlerkorrekturmodell

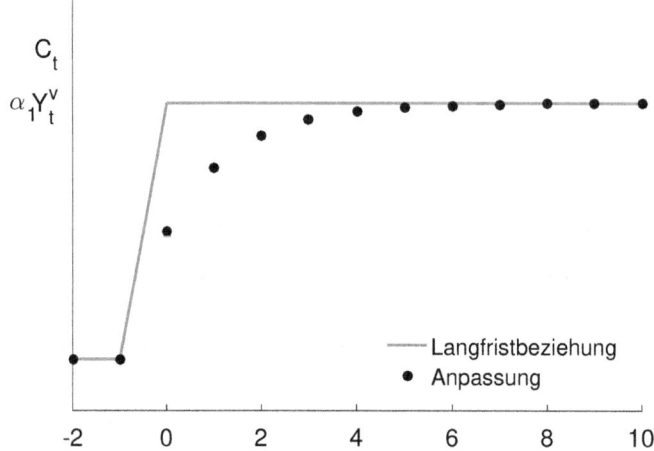

2.12 Nichtstationarität und Kointegration

2.12.1. Ein stochastischer Prozess y_t wird als streng stationär bezeichnet, wenn die gemeinsame Verteilung von $(Y_t, Y_{t+1}, Y_{t+2}, \ldots, Y_{t+h})$ zeitinvariant für jede ganze Zahl h ist, d.h. nur vom Abstand h zwischen zwei Beobachtungen abhängt, nicht aber vom Beobachtungszeitpunkt t. Beschränkt man sich statt der kompletten Verteilung auf die Eigenschaften ihrer ersten und zweiten Momente, so gelangt man zum Begriff der Kovarianz-Stationarität.

Der Prozess y_t wird als schwach stationär oder kovarianz-stationär bezeichnet, wenn seine ersten und zweiten Momente im Zeitablauf konstant bleiben. Dies impliziert insbesondere, dass Erwartungswert, Varianz und (Auto-) Kovarianzen des Prozesses zeitinvariant sind, dass also gilt:

(i) $\quad E(y_t) = \mu_y \qquad\qquad \forall\, t \in T$

(ii) $\quad E[(y_t - \mu_y)(y_{t-h} - \mu_y)] = \gamma_h \qquad \forall\, t \in T \land h : (t-h) \in T$

Diese ist die in der Praxis häufiger anzutreffende Definition für Stationarität. Demnach muss eine Zeitreihe, der ein stationärer stochastischer Prozess zugrunde liegt, um einen konstanten Mittelwert schwanken, was z.B. ein trendhaftes Verhalten ausschließt. Außerdem muss die Varianz der Zeitreihe, d.h. $E[(y_t - \mu_y)^2] = \gamma_0$, unabhängig vom Zeitpunkt t sein, was auch für ihre Autokovarianzen γ_h gilt, die lediglich vom zeitlichen Abstand h zwischen zwei Beobachtungen bestimmt sein dürfen.

Eine Untergruppe nichtstationärer Prozesse, d.h. solcher, welche die obigen beiden Annahmen nicht gleichzeitig erfüllen, sind die sogenannten *trendstationären* Prozesse. Ihre Namensgebung resultiert aus der Tatsache, dass sie durch Subtraktion eines deterministischen Trends (wie z.B. die lineare Trendfunktion $\alpha_0 + \alpha_1 t$ mit konstanten Werten für α_0 und α_1) in einen stationären Prozess überführt werden können.

2.12.2. Eine Scheinregression tritt auf, wenn bei der Regression zweier nichtstationärer Zeitreihen ein statistisch signifikanter Zusammenhang gefunden wird, obwohl die Variablen tatsächlich völlig unabhängig voneinander sind. Solche Fehler 1. Art tauchen in statistischen Tests immer mit einer gewissen Wahrscheinlichkeit auf, die durch das Signifikanzniveau kontrolliert werden kann. Häufig wird $\alpha = 0.05$ als tolerierbar angesehen. Bei Regressionen mit nichtstationären Zeitreihen steigt diese Wahrscheinlichkeit aber auf sehr hohe Werte, wenn mit den Standardverfahren für stationäre Zeitreihen gearbeitet wird.

Trotz der Gefahr von Scheinregressionen kann es natürlich auch zwischen nichtstationären Zeitreihen echte Zusammenhänge geben. Dies muss durch geeignete Verfahren überprüft werden (Stichwort: Kointegration).

2.12.3. Mit Hilfe des Engle-Granger-Verfahrens lässt sich untersuchen, ob eine Kointegrationsbeziehung zwischen zwei nichstationären Variablen vorliegt. Das prinzipielle Vorgehen erfolgt in drei Schritten:

1. Zunächst müssen die beiden Variablen auf Stationarität getestet werden. Dies geschieht beispielsweise mittels des ADF oder KPSS-Tests. Hierbei lässt sich zwischen 3 verschiedenen Fällen unterscheiden:
   – Liegen nur stationäre Variablen vor, lässt sich das Modell in Niveaus schätzen.
   – Sollten neben den stationären auch trendstationäre Variablen vorliegen, erfolgt die Regression in Niveaus unter Aufnahme eines deterministischen Trends.
   – Liegen nur nichtstationäre ($I(1)$) Variablen vor, können diese bei identischem Integrationsgrad in der 2. Stufe des Engle-Granger-Verfahrens verwendet werden.

2. Es folgt die Schätzung der Langfristbeziehung mit OLS. Die Residuen dieser Regression $\widehat{\varepsilon}_t$ entsprechen als Linearkombination der Modellvariablen der vermuteten Kointegrationsbeziehung.

3. Es erfolgt eine Überprüfung der Stationarität dieser Residuen mittels des ADF-Tests. Die Nullhypothese lautet in diesem Fall „die Residuen sind nichtstationär" beziehungsweise „Es liegt keine Kointegrationsbeziehung vor" (Achtung: da es sich bei den Residuen nicht um Realisierungen eines stochastischen Prozesses handelt, sondern um berechnete Ergebnisse, sind die üblichen kritischen Werte für den ADF-Test nicht gültig).

2.12.4. Eine Kointegrationsbeziehung zwischen zwei nichtstationären Zeitreihen liegt vor, wenn beide betrachteten Zeitreihen einen ähnlichen stochastischen Trend aufweisen, so dass sich eine lineare Kombination der beiden Variablen finden lässt, in der sich diese Trends gegenseitig aufheben. Gibt es eine solche Beziehung heißen die Variablen kointegriert und man spricht von Kointegration.

2.13 Diagnose und Prognose

2.13.1. Wirtschaftspolitische Simulationen:

a) Ausgehend von der Modellspezifikation $Y_t = f(X_t) + \varepsilon_t$ kann zunächst eine so genannte „Basislösung" oder „Basissimulation" durchgeführt werden, die beschreibt, wie sich Y_t bei gegebenen Werten von X_t verhält, wenn man die Fehlerterme ε_t auf deren Erwartungswert von null setzt und den unbekannten wahren Zusammenhang $f(\cdot)$ durch eine geschätzte Funktion $\hat{f}(\cdot)$ ersetzt:
$$Y_t^b = \hat{f}(X_t)$$
Durch eine Veränderung von X_t um ΔX_{t_0} zum Zeitpunkt t_0 ergibt sich ein simulierter Verlauf für Y_t durch
$$Y_t^s = \hat{f}(X_t + \Delta X_{t_0}).$$
Der simulierte Effekt in t_0 ergibt sich schließlich als Differenz der Werte für Y_t in den beiden Szenarien, also
$$\Delta Y_0^s = Y_0^s - Y_0^b.$$

b) **Strukturkonstanz** ist die zentrale Annahme zur sinnvollen Interpretierbarkeit von Simulationen. Das bedeutet, dass die funktionale Form des Modells, die geschätzten Koeffizienten und die Verteilung der Residuen zeitinvariant sind. Diese Annahme ist durchaus nicht unproblematisch. Robert E. Lucas etwa kritisiert auf statischen Erwartungen basierende ökonometrische Modelle als nicht realitätsnah, da eine stete Wechselwirkung zwischen Wirtschaftspolitik und dem Entscheidungsverhalten der Marktakteure bestehe. So werden wirtschaftspolitische Maßnahmen auf Grundlage beobachteter Entscheidungen der Akteure getroffen (z.B. Erhöhung des Leitzinses aufgrund positiver Nachfrageschocks). Wie beabsichtigt, beeinflussen diese Politikmaßnahmen in der Regel das Kaufverhalten der Akteure. Die neu getroffenen Entscheidungen werden jedoch nicht zwingend die selben sein wie vor dem wirtschaftspolitischen Eingriff. Die Annahme der Strukturkonstanz wäre nur sehr bedingt zutreffend.

c) In Abbildung 1) führt ein Schock dazu, dass das neue langfristige Niveau zunächst übertroffen wird. Erst im Zeitablauf nähert sich das Modell diesem Wert an. In Abbildung 2) hingegen wird das neue Niveau direkt erreicht. Eine dynamische Anpassung findet nicht statt. Während das in Abbildung 1) benutzte Modell also offenbar **dynamisch** ist, handelt es sich beim Modell aus Abbildung 2) um ein **statisches** Modell.

d) Das hängt von der Zeitperspektive ab. Hat man nur die langfristige Perspektive im Auge, kann ein statisches Modell aufgrund seiner einfacheren Struktur vorteilhaft sein. In der Regel werden neben der langfristigen Perspektive aber auch die Entwicklungen auf dem Weg dorthin von Bedeutung sein. Dann wäre eine dynamische Modellierung zu bevorzugen.

e) Abbildung (A) ↔ (2): Abbildung (A) weist eine überschießende Anpassung auf, da das neue langfristige Niveau erst allmählich von oben her erreicht wird. Für einen solchen Verlauf muss gelten $\beta > \alpha$.

Abbildung (B) ↔ (3): Hier handelt es sich um das Pendant zum Fall (A). Die Anpassung „von unten" erfordert, dass der kurzfristige Effekt schwächer ausfällt als der langfristige Effekt, i.e. $\beta < \alpha$.

Abbildung (C) ↔ (1): Charakteristisch für Abbildung (C) ist, dass kein unmittelbarer Effekt eintritt. Erst mit einer Verzögerung von einer Periode erfolgt eine Anpassung. Hierfür verantwortlich ist, dass der kurzfristige Effekt gleich null ist, also $\beta = 0$.

2.13.2. Im Folgenden bezeichnet Y_t^p die Prognose für den Zeitpunkt t und Y_t die tatsächliche Realisierung. Somit lässt sich der Prognosefehler als $e_t = Y_t - Y_t^p$ definieren.

a) Der mittlere Prognosefehler $\bar{e}$ ist ein Maß für die Richtung und das Ausmaß einer tendenziellen Über- oder Unterschätzung. Idealerweise sollte dieser Wert gleich null sein, d.h. es sollte keine systematische Über- oder Unterschätzung der Prognosen erfolgen. Im hier vorliegenden Fall ist von einer im Schnitt zu niedrigen Prognose auszugehen, da $\bar{e} > 0$ ist.

b) Die Wurzel des mittleren quadratischen Prognosefehler ist wie folgt definiert:

$$RMSE = \sqrt{\frac{1}{T} \sum_{t=1}^{T} e_t^2}$$

Durch die quadratische Formulierung erhalten einzelne große Prognosefehler ein deutlich höheres Gewicht als eine Vielzahl kleiner Fehler. Je größer der RMSE ist, desto ungünstiger ist das gewählte Prognosemodell. Im Idealfall würde der RMSE einen Wert von null annehmen.

c) Mit Hilfe eines linearen Regressionsmodells lässt sich eine systematische Verzerrung der Prognosen überprüfen.

$$Y_t = \alpha + \beta_1 y_t^p + \varepsilon_t$$

Getestet wird die Nullhypothese $\alpha = 0$ und $\beta_1 = 1$. Würde die Konstante signifikant von null abweichen, würde dies bedeuten, dass die Prognose die tatsächlichen Werte systematisch über- ($\alpha < 0$) oder unterschätzt ($\alpha > 0$). Die Nullhypothese $\alpha = 0$ kann im vorliegenden Fall nicht abgelehnt werden. Somit unterliegt die Prognose keiner systematischen Verzerrung.

Ein Wert für β_1 größer als eins würde auf eine zurückhaltende Prognose hindeuten und somit sind die prognostizierten Veränderungen im Durchschnitt kleiner als die tatsächlich eingetretenen. Die t-Statistik lässt sich wie folgt berechnen:

$$t = \frac{\hat{\beta}_1 - 1}{\sqrt{\widehat{V(\hat{\beta}_1)}}} = \frac{0,9931 - 1}{0,0051} = -1,3529$$

Bei einem Signifikanzniveau von $\alpha = 0.05$ ergibt sich somit ein Ablehnungsbereich

$$[-\infty, -1,96] \wedge [1,96, +\infty].$$

Da $t \notin [-\infty, -1,96]$ können wir die Nullhypothese **nicht** ablehnen. Somit ist auch hier von keiner verzerrten Prognose auszugehen. Alternativ hätte man die gemeinsame Nullhypothese $\alpha = 0$ und $\beta_1 = 1$ mit Hilfe eines F-Test überprüfen können.

d) Standard in der Literatur ist es, für Preisreihen eine Random Walk als naive Prognose zu verwenden. Dabei geht man davon aus, dass die heutige Realisierung die bestmögliche Prognose für Morgen ist. Ein Vergleich der Prognose mit Terminkontrakten und dieser Benchmark erlaubt eine Aussage darüber, ob ein relativer Zugewinn der Prognose der zukünftigen Realisierungen möglich ist.

2.13.3. a) RMSE steht für "Root Mean Squared Error", also die Wurzel des mittleren quadratischen Prognosefehler und ist wie folgt definiert:

$$RMSE = \sqrt{\frac{1}{T} \sum_{t=1}^{T} e_t^2}$$

wobei e_t für den Prognosefehler in Periode t steht. Sind alle Prognosefehler klein, gilt dies auch für die quadrierten Wert e_t^2, so dass auch deren Summe und die Wurzel daraus klein ausfallen sollten. Im Idealfall sind alle Prognosefehler gleich null und damit auch der RMSE.

b) Der RMSE ist ein nicht normiertes Maß der Prognosegüte, d.h. abgesehen vom minimalen Wert von Null lässt sich keine Grenze für gute und weniger gute Prognosen angeben. Der Theilsche Ungleichheitskoeffizient U erlaubt einen Vergleich der Prognosen untereinander und ist als Quotient aus dem RMSE der zu bewertenden Prognose und einer alternativen Prognose, die häufig auch als Benchmark-Prognose bezeichnet wird, definiert, also $U = RMSE1/RMSE2$, wobei $RMSE1$ im vorliegenden Fall für den RMSE der Prognosen des SVR steht, also 1.9218, und $RMSE2$ für eine der alternativen Prognosen. Ein Wert von U kleiner als eins bedeutet dann, dass die betrachtete Prognose im quadratischen Mittel kleinere Fehler generiert als die Benchmark-Prognose, während ein Wert von U größer als eins impliziert, dass die betrachtete Prognose schlechter als die Benchmark-Prognose ausfällt.

Vergleicht man die SVR-Prognose mit der naiven Prognose, dass das BIP-Wachstum konstant gleich Null ist, ergibt sich $U_{konstant} = 1.9218/2.7313 = 0.7036 < 1$. Die SVR-Prognosen liefern demnach bessere Ergebnisse für das reale BIP-Wachstum als eine naive Prognose, die von einem realen Nullwachstum ausgeht.

Vergleicht man die SVR-Prognose hingegen mit der Prognose, die einfach das BIP-Wachstum der Vorperiode fortschreibt, erhält man $U_{RandomWalk} = 1.9218/1.3956 = 1{,}3770$. Im Vergleich mit der alternativen Benchmark des Random Walk, die ja ebenfalls ohne großen Aufwand erhalten werden kann, fallen die SVR-Prognosen im betrachteten Zeitraum allerdings im Hinblick auf den mittleren quadratischen Fehler schlechter aus.

c) Da Inflationsrate eine relativ hohe Persistenz aufweisen, läge es nahe, als Benchmark-Prognose jeweils den Wert der Vorperiode zugrunde zu legen. Diese Benchmark ist sicher schwerer zu übertreffen als eine naive Prognose, die von keiner Inflation ausgeht oder den langjährigen Durchschnitt der Inflation in der Vergangenheit zugrunde legt. Bei der Interpretation zu Aussagen zur Prognosequalität auf Basis von Theils U ist also immer auch darauf zu achten, welche Benchmarkprognose dabei zugrunde gelegt wurde.

2.13.4. a) Beim ZEW-Stimmungsindikator handelt es sich um einen vorlaufenden Indikator (Frühindikator), der für eine frühzeitige Prognose der Industrieproduktion eingesetzt werden kann. Er spiegelt die Konjunkturerwartungen in sechs Monaten wieder. Beim Lkw-Maut-Fahrleistungsindex handelt es sich eher um einen gleichlaufenden Indikator, da die Transportleistung einerseits Vorleistungen für die zukünftige Produktion, andererseits aber auch Güter für den finalen Verbrauch aus der vergangenen Produktion umfasst. Demzufolge würde man den ZEW-Stimmungsindikator für mittel- und langfristige Prognosen bevorzugen, während der Lkw-Maut-Fahrleistungsindex auch aufgrund seiner täglichen Verfügbarkeit eine Vorabschätzung der Industrieproduktion im laufenden Monat unterstützen kann (Stichwort: Nowcasting).

b) Der Koeffizient für ZEWSENT(-6) beträgt 0.007757 und ist gemäß der t-Statistik beziehungsweise der zugehörigen p-Werte (Prob.) zum 5% wie auch zum 1%-Niveau signifikant von null verschieden. Der Koeffizient gibt an, um wie viel die Veränderung der Industrieproduktion in sechs Monaten auf eine Veränderung des ZEW-Stimmungsindikators reagiert. Ein Anstieg der Erwartungen um einen Punkt (auf der von -100 bis 100 reichenden Skala) würde somit zu einer Erhöhung von 0.78 Indexpunkten (also ungefähr 0.78%) in der Industrieproduktion im Vergleich zum Vormonat führen. Dies ist eine ökonomisch nicht zu vernachlässigende Größenordnung.

Auf Grundlage der ausgewiesenen Schätzung lässt sich die Frage nach der Gefahr einer Verzerrung aufgrund autokorrelierter Fehlerterme nicht abschließend beantworten. In einem statischen linearen Modell würde man aufgrund der DW-Statistik mit einem Wert von 1.96 die Nullhypothese "keine Autokorrelation 1. Ordnung" zum 5%-Niveau nicht ablehnen. Allerdings könnten im vorliegenden Fall mit Monatsdaten auch Autokorrelation höherer Ordnung, z.B. 12 Monate, eine Rolle spielen, die mit dem Durbin Watson Test nicht erfasst werden.

c) Das Modell wurde erneut unter Einbeziehung einer Strukturbruchdummy (D2010) für den Zeitraum vor und ab 2010 durchgeführt. Eine Veränderung des Einflusses für den ZEW-Stimmungsindikator würde sich im Interaktionsterm D2010*ZEWSENT(-6) niederschlagen. Die ausgewiesene t-Statistik liegt jedoch unter dem kritischen Wert zum 5%-Niveau (und entsprechend der p-Wert deutlich über 0.05), so dass nicht davon ausgegangen werden, dass sich der Zusammenhang zwischen dem ZEW-Stimmunsindikator und D(IP) nach 2010 signifikant verändert hat.

d) Der LKW-Maut-Fahrleistungsindex sollte aufgrund seiner Konstruktion nicht für eine Prognose mit einem Horizont von 6 Monaten geeignet sein, da der Index eher gleichlaufend ist und allenfalls eine sehr kurze Vorlaufzeit von einigen Wochen gegenüber der Industrieproduktion aufweist.

6
Musterlösungen zu textbezogenen Aufgaben

In diesem Kapitel finden Sie einige Lösungshinweise zu einigen der textbezogenen Aufgaben. Die Nummerierung der Lösungen entspricht der Nummerierung der Aufgaben.

3.2 Datenbasis der empirischen Wirtschaftsforschung

3.2.1. Zu den Teilaufgaben sind folgende Aussagen möglich:

a) Zwei wesentliche Kritikpunkte werden erwähnt: Einerseits bildet das BIP Tätigkeiten, die der gesellschaftlichen Wohlfahrt dienlich sind, nur unvollständig ab (etwa Kindererziehung, häusliche Altenpflege usw.) oder „ignoriert" diese sogar vollständig (z.B. ehrenamtliche Arbeit, Hausarbeit, uvm.), wohingegen negative Nebeneffekte des Wachstums als „wertschöpfend" erfasst werden (z.B. die Behebung von Unfallschäden oder die Beseitigung von Umweltverschmutzung). Andererseits werden immaterielle Aspekte der Lebensqualität durch das BIP allenfalls approximiert, aber nicht direkt erfasst.

b) Median- und Durchschnittseinkommen reagieren unterschiedlich auf eine Veränderung der Einkommensverteilung. Das Durchschnittseinkommen ergibt sich als Quotient der Summe aller Einkommen und der Anzahl der Personen und ist damit völlig unabhängig davon, wie die Einkommen über die Personen verteilt sind. Demgegenüber gibt der Median den mittleren Wert der Einkommensverteilung an, also den Wert, der von 50% der Haushalte unter- bzw. überschritten wird. Liegt das Durchschnittseinkommen über dem Median, so vereinen die höheren Quantile der Einkommensverteilung einen überproportionalen Anteil am Gesamteinkommen auf sich. Der Median wird daher als besser geeignet angesehen, um die Einkommensentwicklung für die Gesamtbevölkerung zu beschreiben.

c) Für eine umfassende Erfassung der wirtschaftlichen und sozialen Entwicklung empfiehlt die Stiglitz-Sen-Fitoussi-Kommission (SSF) die

Berücksichtigung ergänzender Indikatoren für die Wirtschaft, die Lebensqualität sowie den Bereich Nachhaltigkeit und Umwelt:

Im wirtschaftlichen Bereich sollen Einkommen und Konsum, Produktion, Vermögen und deren Verteilung über die privaten Haushalte eine größere Rolle spielen. So wird unter anderem eine Differenzierung der Haushalte nach sozioökonomischen Charakteristika gefordert, um die Entwicklung für die einzelnen Gruppen, etwa hinsichtlich Einkommen, Vermögen und Inflationssensibilität besser abbilden zu können. Auch das Thema Haushaltsproduktion (Hausarbeit, Kindererziehung, usw.) und Zeitbudget sollten laut SSF-Kommission Berücksichtigung finden.

In Bezug auf die Lebensqualität sollten auch immaterielle Güter berücksichtigt werden. Insbesondere soll die Lebensqualität mehrdimensional betrachtet werden. Auch hierbei wird empfohlen, nach sozialen Gruppen zu unterscheiden, um nicht nur eine Durchschnittsperson im Blick zu haben. Ferner sollten auch subjektive Bewertungen erfasst werden.

Die Indikatoren zu Nachhaltigkeit und Umwelt sind stärker auf die Zukunft hin orientiert. Um die Folgen gegenwärtigen Handels für die zukünftigen Generationen abschätzen zu können, empfiehlt die SSF-Kommission in diesem Zusammenhang, den Fokus auf die Veränderung von Bestandsgrößen zu richten. Hierbei soll an Größen wie das Natur-, Sozial-, Produktions-, sowie Humankapital gedacht werden. Von einer monetären Bewertung dieser Faktoren wird abgeraten, da für diese entweder keine Märkte – und somit keine Marktpreise – bestehen oder der tatsächliche Wert durch sie nicht ausreichend abgebildet werden würde. Stattdessen sollten kritische Grenzwerte ermittelt werden.

d) Die Stiglitz-Sen-Fitoussi-Kommission empfiehlt ein siebendimensionales Indikatorsystem zur Messung der Lebensqualität. Die vorgeschlagenen Einflussfaktoren sind Gesundheit, Bildung, persönliche Aktivitäten/Erwerbstätigkeit, politische Partizipation und Rechte, soziale Beziehungen, Umweltbedingungen sowie existenzielle und wirtschaftliche Unsicherheiten.

Die Betrachtung der Lebensqualität in mehreren Dimensionen ermöglicht es, verschiedene Lebenslagen und Umweltzustände bei ihrer Bewertung zu berücksichtigen. Dabei ist die Erhebung einiger Variablen relativ unproblematisch. Zum Thema Gesundheit kann z.B. die Lebenserwartung und/oder die Verbreitung bestimmter Krankheiten als Indikator herangezogen werden. Auf der anderen Seite gestaltet sich die Operationalisierung bei stark subjektiv wahrgenommenen Faktoren, etwa die Rolle sozialer Beziehungen oder (individuelle) existenzielle und wirtschaftliche Unsicherheiten als schwierig. Zudem wird es kaum möglich sein, ein Modell zu entwickeln, das die Faktoren in einer Art und Weise miteinander verbindet, dass aus dem Modell resultierende

Schlussfolgerungen weitgehend unabhängig von individuellen Lebenslagen Gültigkeit haben.
e) Glück ist stark subjektiv und vom Lebensumstand der befragten Person abhängig. Empfundenes Glück in Form des Lebensstandards beispielsweise wird sich stark in Abhängigkeit davon unterscheiden, ob der Befragte in einem Entwicklungs- oder Industrieland lebt. So wird schon das Leben in Armut unter unterschiedlichen Rahmenbedingungen unterschiedlich bewertet. Ferner spielen kulturelle und soziale Faktoren eine Rolle im Verständnis von Glück. So kann beispielsweise eine Religion die Auffassung vom erfüllten Leben bestimmen und damit eine spezifische Definition von Glück und Zufriedenheit begründen. Diese Auffassung mag hingegen nicht für alle Personen in gleicher Weise gelten, besonders in heterogenen Gesellschaften, so dass eine einzelne Kennzahl „Bruttosozialglück" auch nur eine beschränkte Aussagekraft haben dürfte.

3.2.2. a) Die monatliche Bilanzstatistik erfasst die Kreditvergabe im Neugeschäft und getätigte Rückzahlungen. Demgegenüber liefert die monatlich erhobene EWU-Zinsstatistik Zinsdaten über das Neugeschäft und über die Bestände aller auf Euro lautenden Einlagen und Kredite der monetären Finanzinstitute (MFIs) im Euro-Raum.[1] Daraus ergibt sich bereits konzeptionell ein Unterschied zwischen den beiden Messgrößen: Während die Bilanzstatistik sowohl Neugeschäfte als auch Rückzahlungen erfasst, finden in der Zinsstatistik lediglich Neugeschäfte eine Berücksichtigung.

Ein Nachteil der EWU-Zinsstatistik besteht darin, dass sie Kreditbeziehungen zwischen Banken und Versicherungen sowie sonstigen Finanzintermediären nicht abbildet. Kreditbewegungen innerhalb des Finanzsektors bleiben also unberücksichtigt. Ferner werden Kreditgeschäfte mit privaten Haushalten außerhalb des Euro-Währungsraums nicht erfasst. Deutsche Banken hingegen melden zur Bilanzstatistik das gesamte Kreditgeschäft mit inländischen Nichtbanken (d.h. auch hier wird das Kreditgeschäft auf dem Interbankenmarkt ausgeschlossen). Versicherungen und andere Finanzakteure werden folglich mit einbezogen. Zudem erfasst die Bilanzstatistik auch Fremdwährungskredite deutscher Banken an heimische Nichtbanken, während sich die EWU-Zinsstatistik auf in Euro lautende Kreditgeschäfte beschränkt.

---

[1] Vergleiche Sie hierzu: Deutsche Bundesbank, Monatsbericht Januar 2004, S. 47. Auf den darauf folgenden Seiten wird die Methodik und die Erhebung des deutschen Beitrags beschrieben.

b) Da es sich bei der Zinsstatistik, anders als bei der Bankenstatistik, um eine Stichprobenerhebung[2] handelt, müssen bei der Analyse der Daten die damit verbundenen Unsicherheiten beachtet werden.

Dass die Zinsstatistik das gesamte Volumen eines geschlossenen Vertrags erfasst – und nicht nur die tatsächlich in Anspruch genommenen Mittel wie dies in der Bilanzstatistik der Fall ist – kann als Vorteil aufgefasst werden. Auf der anderen Seite wird der tatsächliche Mittelzufluss an den Privatsektor dadurch tendenziell überschätzt, zum Beispiel wenn Kreditprolongationen zwischen den Parteien vereinbart werden, die zwar neue Konditionen, jedoch keine zusätzlichen Mittel beinhalten. Außerdem werden Überziehungskredite an den privaten Sektor ebenfalls nicht erfasst.

e) Zusammenfassend lässt sich feststellen, dass die stichprobenartige EWU-Zinsstatistik nur einen Teil der Informationen der Bilanzstatistik umfasst, was die Aussagekraft der erfassten Daten je nach zugrunde liegender Fragestellung beschränkt. Die Deutsche Bundesbank urteilt daher, dass die Verwendung des Neugeschäfts aus der Zinsstatistik als Indikator für den aus geldpolitischer Sicht relevanten Mittelzufluss an den privaten Nichtbankensektor problematisch ist.[3]

3.2.3. Keine Musterlösung.

3.2.4. Zu den einzelnen Punkten lässt sich wie folgt argumentieren:

a) Für Länder wie beispielsweise China, in denen die Wechselkurse nicht freigegeben werden, wirkt sich eine Steuerung des Wechselkurses auch auf die nach Umrechnung berechnete wirtschaftliche Entwicklung aus. Dies ist dann besonders gravierend, wenn sich die Wechselkurse im Zeitablauf stark verändern, weil dann nicht nur Niveaus sondern auch Wachstumsraten verzerrt sein können.

b) Kaufkraftparitäten (KKP) geben an, wie viele Einheiten ausländischer Währung benötigt werden, um die gleiche Menge eines Gutes/Güterbündels zu erhalten, die im Inland für eine Einheit inländischer Währung erhältlich ist.

i) Dazu muss zuerst das ausländische Güterbündel mit den im Inland äquivalenten Preisen bewertet werden. Danach wird der Preis des Güterbündels, ausgedrückt in seiner Ursprungswährung, zum Preis des umgerechneten Güterbündels ins Verhältnis gesetzt. Der resultierende Quotient ist der KKP-Kurs als Ausdruck von ausländi-

---

[2] Die Ermittlung der Stichprobe erfolgte in drei Schritten: Zunächst wurden 15 möglichst homogene Banken-Gruppen gebildet. Im zweiten Schritt wurde die Anzahl meldender Banken je Gruppe bestimmt. Zuletzt wurden die jeweils größten Institute ausgesucht. Die Anzahl meldender Banken beläuft sich somit auf 200 repräsentative Institute.
[3] Siehe Deutsche Bundesbank, Monatsbericht Juli 2006, S. 29.

scher Währungseinheit je inländische Währungseinheit. Liegt beispielsweise der KKP-Kurs unter dem Marktwechselkurs, so ist die ausländische Währung unterbewertet.

ii) Marktwechselkurse können durch Interventionen von Zentralbanken oder durch Spekulationsgeschäfte an den Märkten verzerrt sein. Das KKP-Konzept hingegen betrachtet repräsentative Warenkörbe und setzt diese ins Verhältnis, um die tatsächliche, „wechselkursbereinigte", Kaufkraft der betrachteten Länder vergleichen zu können. Damit ist es von derartigen Interventionen weitgehend unabhängig.

iii) Die Kaufkraftparitätstheorie basiert auf der Annahme einheitlicher Preise („Law Of One Price" (LOOP)), wonach der Wert eines repräsentativen Warenkorbs nach Umrechnung in eine einheitliche Währung überall gleich sein müsste. Bestehende Preisdifferenzen würden durch Marktteilnehmer anderenfalls durch Arbitragetätigkeiten nivelliert. Dies setzt voraus, dass die betrachteten Produkte perfekte Substitute sind und keine Handelsbeschränkungen und Transaktionskosten vorliegen. Beide Voraussetzungen werden in der Praxis nicht immer gegeben sein, da nicht alle Produkte im In- und Ausland verfügbar sind, die Qualitäten unterschiedlich sein können, und außerdem teils erhebliche Transport- und sonstige Handelskosten bestehen.

c) Durch den Rückgang des geschätzten Anteils Chinas am Welt-BIP um vier Prozentpunkte deutet die Neuberechnung auf eine Abnahme der Kaufkraftparität Chinas hin. Ein möglicher Grund für diese Veränderung könnte eine veränderte Zusammensetzung des zugrunde gelegten Warenkorbs sein. Vorher nicht verfügbare Güter könnten erst durch die sukzessive Öffnung des chinesischen Binnenmarktes in der Berechnung der KKP berücksichtigt werden.

3.4 Wirtschaftsindikatoren

3.4.1. a) 1. Substitutionseffekt.
Dieser Effekt entsteht, wenn sich die relativen Preise von Gütern im Laufe der Jahre verschieben und die Konsumenten relativ teure Güter durch günstigere Alternativen ersetzen. Solange die Gewichtungsstruktur nicht angepasst wurde, besteht die Gefahr, das reale Wachstum zu überschätzen, sofern die gestiegenen Preise zu einer geringeren Produktion dieser Gütergruppe führen.

2. Qualitätsänderungsfehler.
Dieser Fehler tritt beispielsweise dann auf, wenn Produkte aus dem Verbraucherpreisindex nicht mehr verkauft werden. In diesem Fall müssen Ersatzprodukte gefunden werden, deren Qualität von der Ursprünglichen abweicht. Dieser Qualitätsunterschied muss

geschätzt werden und kann bei einer tendenziell zu niedrig angesetzten Qualitätsverbesserung zu einer höheren ausgewiesenen Inflation führen.

3. Aufnahme neuer Produkte.
Produkte, die neu auf den Markt kommen, unterliegen üblicherweise einem Preiszyklus, bei dem das Produkt zunächst mit einem hohen Preis auf den Markt gebracht wird. Im Laufe der Zeit sinkt dieser Preis aufgrund steigender Produktionseffizienz und kann bei Ausreifung des Produktes wieder ansteigen. Wird das Produkt mit großer Verzögerung in den Index aufgenommen, entstehen zwei Probleme. Zum einen wird der zu Beginn des Preiszyklus sinkende Preis zu niedrig gewichtet und zum anderen wird darauffolgend die Gewichtung bei später wieder ansteigenden Preisen zu hoch gewichtet.

4. Verzerrung aufgrund von neuen Verkaufsstellen.
Durch den Internethandel, Discounter und größere Handelsketten sind preisgünstigere Alternativen gegenüber den traditionellen Verkaufsstellen erwachsen. Werden diese Preisunterschiede bei der Aufnahme in die HVPI-Stichproben außer Acht gelassen (aufgrund der Annahme, dass der Preisunterschied durch die höhere Dienstleistungsqualität im Einzelhandel erklärt werden kann), kann dies zu einer Verzerrung der Inflation nach oben führen.

b) Für die in Aufgabenteil a) beschriebenen Verzerrungen bieten die Autoren mögliche Lösungsansätze. So lässt sich der Substitutionseffekt durch die regelmäßige Aktualisierung der Gewichte im HVPI-Index eingrenzen, jedoch nicht gänzlich ausschließen. Bei der Verzerrung aufgrund von Qualitätsänderungen gibt es produktspezifische Empfehlungen, jedoch kann sowohl die Richtung als auch das Ausmaß der möglichen Verzerrung je nach Land und Produkt abweichen. Für die Aufnahme neuer Produkte werden die Länder laut HVPI-Vorschriften aufgefordert, diese innerhalb von 12 Monaten nach Erreichen eines Ausgabenanteils von über 0,1% der monetären Konsumausgaben privater Haushalte in den Index aufzunehmen. Die Verzerrung aufgrund neuer Verkaufsstellen hingegen lässt sich auf Basis objektiver Bewertungsmaßstäbe der Qualitätsunterschiede nur schwer in die Berechnung des HVPI-Index aufnehmen

c) Die möglichen Fehlerquellen bei der Ermittlung des HVPI-Index können nach Meinung der Autoren auf Basis von Theorie und Evidenz im Zeitverlauf variieren und lassen sich zum Teil durch konjunkturbedingte Einflüsse erklären. Eine genaue Messung der Inflation ist aufgrund der möglichen Verzerrungen selbst dann nicht möglich, wenn die Fehlerquellen durch die in Aufgabenteil b) angesprochenen Lösungsansätze minimiert werden. Als problematisch ist insbesondere die Überschätzung der Inflation anzusehen, da diese eine mögliche deflationäre Tendenz verschleiert.

3.4.2. Keine Musterlösung.

3.4.3. a) Die Armutsrisikoquote basiert auf dem Konzept der relativen Armut, da kein fester Schwellenwert definiert wird, sondern Bezug auf die Verteilung der Nettoäquivalenzeinkommen genommen wird. Konkret werden als Schwelle 60% des Medians der Nettoäquivalenzeinkommen definiert.

b) Bei einer Verdopplung aller Nettoäquivalenzeinkommen würde sich auch der Wert für den Median verdoppeln und damit auch die Schwelle von 60% des Medians. Alle Einkommen, die vor der Verdopplung unter der alten Schwelle lagen, werden nach der Verdopplung ebenfalls unter der neuen Schwelle liegen. Die Armutsrisikoquote ändert sich somit nicht.

c) Bei der Quote der (erheblichen) materiellen Deprivation handelt es sich um ein absolut definiertes Armutsmaß, das den aus finanziellen Gründen fehlenden Zugriff auf mindestens vier von neun ausgewählten Gütern (z.B. Waschmaschine, einwöchiger Urlaub an einem anderen Ort; siehe S. 497 im Bericht) beschreibt. Bei Verdopplung aller Einkommen wäre zu erwarten, dass ein Teil der Personen, die zuvor unter erheblicher materieller Deprivation gelitten haben, dies mit dem erhöhten Einkommen nicht mehr tun. Die auf diesem Maß basierende Armutsquote sollte also tendenziell sinken.

3.5 Input-Output-Analyse

3.5.1. Die Produktionswerte der einzelnen Sektoren $\mathbf{X}$ lassen sich als Funktion der Endnachfragekomponenten $\mathbf{Y}$ über die Leontief-Inverse bzw. den Leontief-Multiplikator bestimmen: $\mathbf{X} = (\mathbf{I} - \mathbf{A})^{-1}\mathbf{Y}$. Allgemein drücken die einzelnen Elemente des Leontief-Multiplikator $(\mathbf{I} - \mathbf{A})^{-1}$ aus, um wie viel die Produktion in Sektor i steigen muss, wenn sich die autonome Nachfrage nach Gütern des Sektors j um eine Einheit erhöht. Bei der Input-Output-Analyse handelt es sich um ein statisches Analysemodell, bei dem die betrachteten Inputkoeffizienten sowohl über die Zeit hinweg als auch hinsichtlich des Outputvolumens als konstant angenommen werden. Somit ist die Einschränkung, lediglich die unmittelbar wirksamen ökonomischen Zusammenhänge zu berücksichtigen, in Einklang mit den Annahmen an das Leontief-Modell, die für längerfristige Betrachtungen nicht unproblematisch sind. Vergleichen Sie hierzu bitte auch die Lösung zu Aufgabe 2.5.1., in der einige Einschränkungen kritisch betrachtet werden.

3.5.2. Keine Musterlösung.

3.7 Das lineare Regressionsmodell

3.7.1. Schätzung internationaler Öl-Angebotsfunktionen

a) Erläuterung des Schätzansatzes:
Die gewählte Spezifikation modelliert den Öloutput in Abhängigkeit vom realen Rohölpreis sowie unter Berücksichtigung eines deterministischen Trends. Da sowohl das Ölangebot als auch der Ölpreis jeweils logarithmiert werden, bezeichnet der Parameter γ die Preiselastizität des Rohölangebotes. Das Vorzeichen der geschätzten $\hat{\gamma}$-Koeffizienten kann dementsprechend zu einer stilisierten Unterscheidung des Anbieterverhaltens gemäß folgender Klassifikation herangezogen werden:

Koeffizient $\hat{\gamma}$	Marktstruktur
Negativ	Kartell ("Ziel-Erlös-Anbieter")
Positiv	Kompetitiv ("Grenzkosten-Anbieter")

Als Begründung für die zusätzliche Berücksichtigung eines Zeittrends wird im Text insbesondere auf die empirische Tatsache hingewiesen, dass die Nicht-OPEC-Staaten seit der ersten Ölkrise Anfang der 70er Jahre ihre Fördermengen kontinuierlich ausgeweitet haben (vergleichen Sie hierzu bitte die Abbildung 6.1).

c) Schätzergebnis „OPEC":

$$lnQ_t = 16,81 - 0,169 \cdot lnP_t - 0,003 \cdot t + \varepsilon_t,$$

ein 1%iger Anstieg des Rohölpreises sollte demnach eine Verknappung des OPEC-Angebots um 0,17% zur Folge haben.

c) Schätzergebnis „Nicht-OPEC":

$$lnQ_t = -15,79 + 0,106 \cdot lnP_t + 0,103 \cdot t + \varepsilon_t,$$

d.h. eine Erhöhung der Rohölpreise um 1% hat eine Erhöhung des Angebots aus Nicht-OPEC-Ländern um ca. 0,11% zur Folge.

d) Entsprechend der in Aufgabenteil a) angesprochenen Übersicht der Outputelastizitäten wird die OPEC als ein Umsatz stabilisierend operierendes Kartell charakterisiert. Die Nicht-OPEC-Staaten scheinen hingegen als kompetitive Preisnehmer zu operieren.

e) Beim näherem Blick auf Ramcharrans Ergebnisse sollte dem geübten Leser auffallen, dass die ausgewiesenen R^2-Statistiken der OPEC-Länder jeweils relativ klein erscheinen. Insbesondere der Wert für das gesamte OPEC-Aggregat erweist sich als nicht zufrieden stellend: Lediglich 3% der beobachteten Variation des gesamten OPEC-Angebots kann durch diesen Modellierungsansatz abgebildet werden.

World Crude Oil Production, 1960–2012[a]
(million barrels per day)

Year	United States	U.S. share	Total OPEC[b]	OPEC share	Total non-OPEC	World
1960	7.04	33.5%	8.70	41.4%	12.29	20.99
1965	7.80	25.7%	14.35	47.3%	15.98	30.33
1970	9.64	21.0%	23.30	50.8%	22.59	45.89
1975	8.38	15.9%	26.79	50.3%	27.04	52.83
1980	8.60	14.4%	26.38	44.3%	34.18	59.56
1985	8.97	16.6%	15.37	28.5%	38.60	53.97
1986	8.68	15.4%	18.28	32.5%	37.95	56.23
1987	8.35	14.7%	18.52	32.7%	38.15	56.67
1988	8.14	13.9%	20.32	34.6%	38.42	58.74
1989	7.61	12.7%	22.07	36.9%	37.79	59.86
1990	7.36	12.2%	22.49	37.2%	38.00	60.50
1991	7.42	12.3%	23.27	38.7%	36.86	60.13
1992	7.17	11.9%	24.40	40.6%	35.70	60.10
1993	6.85	11.4%	25.12	41.7%	35.05	60.17
1994	6.66	10.9%	25.51	41.7%	35.66	61.17
1995	6.56	10.5%	25.54	40.9%	36.89	62.43
1996	6.47	10.1%	26.02	40.8%	37.80	63.82
1997	6.45	9.8%	27.29	41.5%	38.51	65.81
1998	6.25	9.3%	28.37	42.3%	38.67	67.03
1999	5.88	8.9%	27.22	41.3%	38.74	65.97
2000	5.82	8.5%	28.94	42.2%	39.58	68.52
2001	5.80	8.5%	28.11	41.3%	40.00	68.12
2002	5.75	8.5%	26.44	39.3%	40.83	67.26
2003	5.68	8.2%	27.89	40.2%	41.48	69.36
2004	5.42	7.5%	30.31	41.8%	42.15	72.46
2005	5.18	7.0%	31.77	43.1%	41.88	73.64
2006	5.10	7.0%	31.48	43.0%	41.79	73.27
2007	5.06	6.9%	31.14	42.7%	41.73	72.87
2008	4.95	6.7%	32.43	44.0%	41.27	73.70
2009	5.36	7.4%	30.52	42.2%	41.79	72.31
2010	5.48	7.4%	31.51	42.5%	42.59	74.09
2011	5.65	7.6%	31.78	42.9%	42.35	74.14
2012	6.47	8.6%	32.88	43.5%	42.68	75.56
			Average annual percentage change			
1960–2012	-0.2%		2.6%		2.4%	2.5%
1970–2012	-0.9%		0.8%		1.5%	1.2%
2002–2012	-1.2%		2.2%		0.5%	1.2%

Abb. 6.1. Nicht-OPEC-Produzenten: Rohölangebot (Millionen Barrels/Tag), Quelle: Center for Transportation Analysis - TRANSPORTATION ENERGY DATA BOOK: EDITION 32.

So gab es beispielsweise einen massiver Rückgang des OPEC-Angebots während der Jahre 1979 bis 1983. Diese Phase der sogenannten „2. Ölkrise" wurde wesentlich durch externe Effekte (iranische Revolution, Irak-Iran Krieg) geprägt, deren Einflüsse in dem hier betrachteten Modell jedoch nicht berücksichtigt werden.

Aus der Perspektive des Methodikers scheint also im Untersuchungszeitraum ein Strukturbruch vorzuliegen. Da sich das Ausmaß der durch diese Fehlspezifikation verursachten Verzerrungen der Schätzergebnisse nicht direkt quantifizieren lässt, sollten die hier präsentierten Ergebnisse mit berechtigter Skepsis entgegen genommen werden.

3.7.2. Keine Musterlösung.

178   Kapitel 6. Musterlösungen zu textbezogenen Aufgaben

3.9 Qualitative Variable

3.9.1. a) Ein Grund den Probit-/ Logit-Ansatz einem linearen Regressionsmodell vorzuziehen liegt darin, dass die aus einem geschätzten linearen Regressionsmodell abgeleiteten Prognosen für die Wahrscheinlichkeit nicht notwendig im Intervall [0,1] liegen, d.h. es könnte Ausprägungen der erklärenden Variablen geben, die zu einer prognostizierten Wahrscheinlichkeit für die Existenz eines Betriebsrat von über 100% oder von unter 0% führen, was inhaltlich und mathematisch wenig Sinn macht.

Ein weiteres mögliches Defizit der Anwendung einer linearen Regression besteht darin, dass die Fehlerterme nicht homoskedastisch sind. Mittels der Varianz der Bernoulli-Verteilung $\sigma^2 = p(1-p)$ und der Wahrscheinlichkeiten $Prob(D_i = 1|\mathbf{X}) = F(\mathbf{X}, \beta)$ sowie $Prob(D_i = 0|\mathbf{X}) = 1 - F(\mathbf{X}, \beta)$ – wobei $F(\mathbf{X}, \beta)$ die unterstellte Verteilung, im Probit-Modell die Standardnormalverteilung, darstellt – lässt sich für das Regressionsmodell zeigen, dass

$$Var[\varepsilon_i|\mathbf{X}] = \mathbf{X'}\beta(1 - \mathbf{X'}\beta).$$

Die Varianz des Fehlerterms ε_i ist demnach von den Ausprägungen der unabhängigen Variablen in $\mathbf{X}$ abhängig, was zu Heteroskedastie führt.

b) Da die ausgewiesene Z-Statistik mit einem Wert von 7,71 deutlich die kritische 5%-Grenze (Z=1,96) überschreitet, kann $H_0: \beta_i = 0$ verworfen werden und es kann davon ausgegangen werden, dass die Beschäftigungszahl positiv auf die Wahrscheinlichkeit der Existenz eines Betriebsrates wirkt.

Eine ökonomische Erklärung für diesen Effekt könnte darin bestehen, dass in kleinen Betrieben kein Betriebsrat notwendig ist. Solche Unternehmen ermöglichen alleine anhand ihrer Struktur (z.B. flache Hierarchien, unmittelbare Kommunikation zwischen den verschiedenen Unternehmensebenen) die Mitsprache der Mitarbeiter. Umgekehrt ergibt sich mit steigender Mitarbeiterzahl ein größerer Bedarf zur Abstimmung der Interessen der Mitarbeiter.

c) Im Gegensatz zum linearen Regressionsmodell lassen sich die Koeffizienten des Probit-Modells nicht unmittelbar interpretieren. Die Interpretation der zugehörigen Vorzeichen jedoch schon. Da es sich beim Probit-Ansatz um eine nichtlineare Parameterschätzung handelt, müssen marginale Effekte berechnet werden, um die Sensitivität der Variablen zu bestimmen.

Da die marginalen Effekte von der Ausprägung der erklärenden Variablen abhängen, kann die Berechnung nur für konkrete Fälle durchgeführt werden. Häufig werden dafür die Mittelwerte der erklärenden Variablen herangezogen. Dann gilt für die geschätzte Wahrscheinlichkeit der Ausprägung eins:

$$Prob[D_i = 1|\bar{\mathbf{X}}, \widehat{\beta}] = \Phi(\widehat{\beta}_0 + \widehat{\beta}_1 \bar{X}_1 + \cdots + \widehat{\beta}_k \bar{X}_k),$$

wobei $\bar{X}$ für den Vektor der Mittelwerte der unabhängigen Variablen und Φ für die kumulierte Verteilungsfunktion der Standardnormalverteilung steht. Der marginale Effekt für diesen Fall ergibt sich aus der Veränderung für die Wahrscheinlichkeit der Ausprägung eins bei einer marginalen Veränderung einer erklärenden Variable X_i, d.h.

$$\frac{\partial Prob[D_i = 1|\widehat{\mathbf{X}}, \widehat{\beta}]}{\partial X_i} = \phi(\widehat{\beta}_0 + \widehat{\beta}_1 \bar{X}_1 + \cdots + \widehat{\beta}_k \bar{X}_k)\widehat{\beta}_i,$$

wobei $\phi(\cdot)$ die Dichtefunktion der Standardnormalverteilung ist.

d) Nein. Da die ausgewiesene Z-Statistik von 0,70 den kritischen Wert zum 5% betragsmäßig nicht übersteigt (1,96), kann die Nullhypothese, dass es keinen regionalen Unterschied zwischen Ost und West gibt, nicht verworfen werden.

e) Wenn unterschiedliche Anteile benutzt werden, deren Werte sich exakt zu eins addieren, kann das Problem der Multikollinearität auftreten (z.B. Anteil Frauen und Anteil Männer im Betrieb). Hier tritt das Problem nicht auf, da sich die beiden Anteile nicht genau zu eins addieren.

3.9.2. Keine Musterlösung.

3.10 Trend- und Saisonbereinigung

3.10.1. Zu den Teilaufgaben sind folgende Aussagen möglich:

a) Maße der Kapazitätsauslastung im verarbeitenden Gewerbe und bei Dienstleistungen können als Nachfrageindikator und damit vorlaufender Indikator für die Preisentwicklung genutzt werden. (Kurzfristige) Nachfrageschocks führen zu einer Ausweitung der Nutzung bestehender Kapazitäten, etwa durch zusätzliche Schichtarbeit oder Einstellung von Hilfspersonal. Dies führt zu erhöhten Kosten, die zumindest teilweise auf die Endverbraucher überwälzt werden, woraus Preissteigerungen resultieren.

b) Zwecks Konjunkturanalyse werden Umfragen durchgeführt, aus denen angebots- und nachfrageseitige Indikatoren der konjunkturellen Entwicklung anhand der jeweiligen Kapazitätsauslastung abgeleitet werden. Dabei kann zwischen direkten (siehe (c)) und indirekten Indikatoren unterschieden werden.

Die Nachfrageseite wird durch die indirekte Messgröße des Kapazitätsdrucks erfasst. Aus der monatlichen Einkaufmanagerumfrage gehen Veränderungen der Lieferfristen der Anbieter und des Auftragsbestands der Unternehmen hervor. Dabei deuten längere Lieferfristen auf eine höhere Auslastung der Produktion hin.

Für das Dienstleistungsgewerbe stehen weniger Informationen zur Verfügung. Als wichtigster Indikator der Kapazitätsauslastung sei die

Bewertung der Auftragsbestände mittels der Umfrage zum Einkaufsmanagerindex im Dienstleistungsgewerbe für marktbestimmte Dienstleistungen genannt.

c) Die quartalsweise erhobene Branchen- und Verbraucherumfrage der Europäischen Kommission stellt den direkten Indikator dar. Dabei geben die befragten Unternehmen des verarbeitenden Gewerbes eine (subjektive) Schätzung hinsichtlich des Niveaus der Kapazitätsauslastung im Verhältnis zur gesamten Produktionskapazität in ihrem Unternehmen ab. Etwas problematisch bei dieser Umfrage ist, dass den Befragten keine Definition von „Kapazität" vorgegeben wird. Vielmehr wird bei der Erhebung davon ausgegangen, dass die Befragten bei der Einschätzung der Kapazitätsauslastung nicht nur den Einsatz des Sachkapitals, sondern die Auslastung sämtlicher Ressourcen – inklusive Arbeitseinsatz – berücksichtigen. Diese direkte Messgröße bildet folglich die Angebotsseite des Marktes ab.

d) Für die Analyse der Konjunktur sind kurzfristige Abweichungen von langfristigen Wachstumspfaden relevant. Da diese nicht direkt beobachtbar sind, werden sie häufig durch den Trend in einer Komponentenzerlegung der betrachteten Zeitreihen approximiert. Die Trendabweichung stellt dann eine Schätzung der konjunkturellen, saisonalen und irregulären Komponenten dar.

3.10.2. Keine Musterlösung.

3.10.3. a) Bei beiden vorgestellten Methoden handelt es sich um rein statistische Methoden zur Trendbereinigung. Zum einen kann hier der Mittelwert der Veränderungsrate über einen bestimmten Zeitraum gebildet werden. Dies bedeutet, dass der Trend über die Steigung einer Geraden an die logarithmierte Zeitreihe des realen BIP approximiert wird. Zum anderen kann der Trend über den Hodrick-Prescott-Filter bestimmt werden. An dieser Stelle wird auf die Lösung zu Aufgabe 2.10.1 verwiesen, in der der HP-Filter bereits ausführlich beschrieben wurde.

b) Sowohl die Wahl des Stützzeitraumes als auch die Beobachtungen am aktuellen Rand haben einen entscheidenden Einfluss auf die geschätzte Trendkomponente. Daher ist es wichtig, dass bei der Berechnung der mittleren Veränderungsrate ein Stützzeitraum gewählt wird, der einen kompletten Konjunkturzyklus umfasst. Im hier vorliegenden Beispiel basiert der Trend 2003 bis 2007 lediglich auf einer Expansionsphase. Hingegen umfasst der Trend zwischen 2007 und 2012 die Rezession im Zuge der Finanzkrise. Demnach ist es nicht verwunderlich, dass der Trendverlauf im zweiten Fall deutlich flacher ausfällt als die extrapolierte Trendfortschreibung auf Basis der Expansionsphase. Im vorliegenden Beispiel ergibt sich somit eine deutliche Differenz für das reale US-BIP auf Basis der beiden berechneten Trends. Laut fortgeschriebenen Trend würde man einen Anstieg von mehr als 20% bezogen auf das Basisjahr 2005 erwarten, während der Anstieg beim Trend vom zyklischen Hoch zum aktuellen Rand lediglich etwa 5% bezogen auf das Basisjahr beträgt.

c) Das Endpunktproblem sorgt für erhebliche Unsicherheiten in Bezug auf die Berechnung der Trendkomponente, wenn neue Datenpunkte am aktuellen Rand hinzukommen. Vergleichen Sie hierzu bitte auch die Lösung der Aufgabe 2.10.1 b), die diese Problematik an einem Beispiel erläutert. Die vorliegende Graphik verdeutlicht diesen Fall. Wird der Trend bis Ende 2007 berechnet, ergibt sich ein Anstieg um 6% bezogen auf das Basisjahr. Werden jedoch weitere Werte bis zum vierten Quartal 2009 mit einbezogen, verringert sich dieser Anstieg auf rund 3% und der Trend flacht deutlich ab. Als möglicher Lösungsansatz der Endpunktproblematik wird vorgeschlagen, die um die Projektion in die Zukunft verlängerte Zeitreihe zu glätten. Dies wird in der Graphik deutlich bei dem Vergleich zwischen dem HP-Trend bis zum 4. Vj. 2012 und dem HP-Trend bis zum 4. Vj. 2015 auf Basis der FOMC-Prognosen.

d) Neben der bereits beschriebenen Endpunktproblematik der statistischen Verfahren können sowohl die Datenverfügbarkeit als auch Revisionen des BIP einen spürbaren Einfluss auf die aktuelle konjunkturelle Situation haben. So liegen zunächst für das BIP nur vorläufige Daten vor, die circa 45 Tage nach Quartalsende publiziert werden. Die ausführlichen Ergebnisse folgen in der Regel 10 Tage später. Problematisch ist darüber hinaus, dass diese vorläufigen Ergebnisse von den Endergebnissen im mehrjährigen Mittel um einen halben Prozentpunkt abweichen können.[4]

3.10.4. Keine Musterlösung.

3.11 Dynamische Modelle

3.11.1. a) Mehrere Gründe sprechen für eine dynamische Modellierung der Kreditentwicklung. Neben der aktuellen Größe einer Variablen hat insbesondere deren zeitliche Entwicklung große Relevanz für eine Entscheidung. Darüber hinaus unterliegen viele ökonomische Größen einer Trägheit der Anpassung. Beides scheint auch für den konkreten Fall der Entwicklung der Kredite an nichtfinanzielle Unternehmen gegeben. Zum einen ist die tatsächliche Kreditentwicklung sowohl angebots- als auch nachfrageseitig determiniert. Diesem Umstand wird durch eine dynamische Modellierung Rechnung getragen wird. Darüber hinaus ist

---

[4] Siehe hierzu die Angaben des Statistischen Bundesamtes unter https://www.destatis.de/DE/ZahlenFakten/GesamtwirtschaftUmwelt/VGR/Methoden/BIP.html

auch zu erwarten, dass sich die Kreditentwicklung an der realwirtschaftlichen Entwicklung orientieren wird und eine Anpassung nicht sofort, sondern mit zeitlicher Verzögerung erfolgen dürfte.

b) Eine Verringerung des BIP-Wachstums um einen Prozentpunkt hat eine Verringerung der Kreditveränderungsrate um 0,25 Prozentpunkte im selben Quartal zur Folge. Dieser Effekt ist statistisch signifikant, da der Koeffizient α_2 signifikant von null verschieden zum 1%-Niveau ist.

c) Das ADL(1,1)-Modell kann wie folgt dargestellt werden:

$$Y_t = \alpha + \alpha_1 Y_{t-1} + \beta_0 X_t + \beta_1 X_{t-1} + \varepsilon_t.$$

Der Effekt eines dauerhaft um einen Prozentpunkt erhöhten BIP-Wachstums (X_t) lässt sich durch die partiellen Ableitungen darstellen. Mit den im Kasten angegeben Werten ergeben sich die folgenden Änderungen jeweils in Prozentpunkten:

$t = 0: \frac{\partial Y_t}{\partial X_t} = \beta_0 = 0,25$

$t = 1: \frac{\partial Y_{t+1}}{\partial X_t} = \beta_1 + \alpha_1 \beta_0 = -0,06 + 0,49 \cdot 0,25 = 0,1075$

$t = 2: \frac{\partial Y_{t+2}}{\partial X_t} = \alpha_1 \beta_1 + \alpha_1^2 \beta_0 = 0,49 \cdot (-0,06) + 0,49^2 \cdot 0,25 = 0,0306$

$\vdots$

$t = n: \frac{\partial Y_{t+n}}{\partial X_t} = \alpha_1^{n-1}(\beta_1 + \alpha_1 \beta_0)$

Der Langfristeffekt für das ADL(1,1)-Modell lässt sich über die Summe der Einzeleffekte berechnen:

$$\sum_{n=0}^{\infty} \frac{\partial Y_{t+n}}{\partial X_t} = \beta_0 + \sum_{n=1}^{\infty} \alpha_1^{n-1}(\alpha_0 + \alpha_1 \beta_0) = \frac{(\beta_0 + \beta_1)}{1 - \alpha_1} = 0,3725$$

Somit hätte ein dauerhaft erhöhtes BIP-Wachstum um einen Prozentpunkt eine langfristige Erhöhung des Kreditwachstums um 0,3725 Prozentpunkte zur Folge.

d) Der Breusch-Godfrey-Test stellt eine Alternative zum Box-Pierce beziehungsweise Ljung-Box-Test dar, der weniger sensitiv auf dynamische Modellstrukturen reagiert. Getestet wird die Nullhypothese "keine Autokorrelation" gegenüber der Alternativhypothese "Autokorrelation". Ausgehend vom Ergebnis der Schätzung des vorliegenden ADL(1,1) Modells wird eine zweite Schätzung durchgeführt, bei der die Residuen $\hat{\varepsilon}_t$ als abhängige Variable auf die bereits vorhandenen erklärenden Variablen sowie verzögerte Residuen der ersten Schätzung regressiert werden. Die Teststatistik des Breusch-Godfrey-Tests ist dann durch die F-Statistik der Nullhypothese gegeben, dass die verzögerten Residuen gemeinsam keinen Erklärungsbeitrag leisten. Die genaue Verteilung

Kapitel 6. Musterlösungen zu textbezogenen Aufgaben   183

dieser F-Statistik ist für endliche Stichproben nicht bekannt, für große Stichproben kann jedoch auf ein asymptotisches Resultat zurückgegriffen werden. Im vorliegenden Fall wurde lediglich ein verzögerter Wert der Residuen ($\hat{\varepsilon}_{t-1}$) in die Testgleichung aufgenommen. Die Nullhypothese kann zu allen üblichen Signifikanzniveaus verworfen werden (p-Wert = 0,41). Prinzipiell sollte die Wahl der Laglänge aus theoretischen Begründungen heraus erfolgen. Hierzu werden im Text keine Angaben gemacht. Darüber hinaus ist es ratsam für den LM-Test eine Laglänge zu wählen, die größer ist als die bereits im Modell abgebildete Dynamik. Somit sollte für den LM-Test eine Laglänge gewählt werden, die über die bereits im Modell enthaltenen zeitverzögerten erklärenden Variablen hinaus geht.

e) Keine Musterlösung.

f) Der graphische Vergleich im Kasten auf Seite 25 zwischen realer und durch die Schätzung erklärter Kreditentwicklung zeigt eine gute Anpassung der annualisierten Vorquartalsänderungen während der Finanzkrise. Das betrachtete Kreditwachstum lässt sich somit durch die realwirtschaftliche Entwicklung und den Zinsabstand des ökonometrischen Modells abbilden. Eine Veränderung der Beziehung zwischen Kreditdynamik und realwirtschaftlicher Entwicklung lässt sich somit auch im Zuge der Finanzkrise nicht erkennen.

3.11.2. Keine Musterlösung.

3.13 Diagnose und Prognose

3.13.1. Keine Musterlösung.

3.13.2. a) Abberger nennt insgesamt fünf Anforderungen an einen Frühindikator. Zunächst sollten die verfügbaren Indikatordaten aktuell sein und nur wenigen Revisionen nach der Veröffentlichung unterliegen. Zudem sollte der Indikator mit vergangenen Konjunkturzyklen konform sein, eine im Zeitablauf stabile Vorlaufbeziehung aufweisen und ein deutliches Konjunktursignal aufweisen.

b) Der ifo Konjunkturindikator wird in der letzten Woche eines jeweiligen Monats veröffentlicht und unterliegt in der Regel keinen Revisionen. Somit sind die beiden erstgenannten Anforderungen an einen Frühindikator erfüllt. Ein ebenfalls wichtiger Frühindikator für die konjunkturelle Entwicklung sind die Auftragseingänge im Verarbeitenden und im Baugewerbe. Diese werden monatlich vom Statistischen Bundesamt veröffentlicht, unterliegen jedoch zum Teil erheblichen Revisionen. Als weitere Alternative bietet sich der ZEW Finanzmarkttest des Mannheimer Zentrums für europäische Wirtschaftsforschung (ZEW) an. Dabei werden die Prognosen von Finanzanalysten über die erwartete

Entwicklung zusammengefasst. Die ZEW-Konjunkturerwartungen sind vergleichbar mit den ifo Geschäftserwartungen im Hinblick auf Datenaktualität und Revisionen.

c) Bezeichne X_t den ifo Indikator, so lässt sich die Formel zur Bestimmung der HP–Trendkomponente H_t als folgendes Optimierungsproblem darstellen:

$$\min_{H_1 \ldots H_T} \sum_{t=1}^{T} (X_t - H_t)^2 + \lambda \sum_{t=2}^{T-1} [(H_{t+1} - H_t) - (H_t - H_{t-1})]^2$$

Mit Hilfe des Glättungsparameters λ lässt sich die relative Anpassung des Filters an die betrachtete Zeitreihe steuern. Ein niedriger Wert sorgt für eine starke Anpassung an die Zeitreihe, ein hoher Wert hingegen für einen möglichst glatten Verlauf des Filters. Im vorliegenden Fall wird der HP-Filter als Bandpass-Filter verwendet. Dies bedeutet, dass Schwingungen mit einer Periodizität von weniger als 1,25 Jahren, die als Rauschen interpretiert werden können, geglättet werden. Schwingungen mit mehr als 8 Jahren werden als Trendkomponente interpretiert und ebenfalls gefiltert. Für die hochfrequenten Schwingungen wird ein Glättungsparameter $\lambda = \frac{2\pi}{1,25s} = 52$ und für die Trendbereinigung ein deutlich höherer Parameter mit $\lambda = \frac{2\pi}{8s} = 677,13$ verwendet, wobei s die Anzahl der Beobachtungen pro Jahr bezeichnet.[5]

d) Die Größe des mittleren Vorlaufs an den Wendepunkten wird über das arithmetische Mittel berechnet. Dazu werden alle vorhandenen Wendepunkte der Referenzzeitreihe mit den jeweiligen Wendepunkten verglichen und der durchschnittliche Vorlauf berechnet. Ein positiver Wert impliziert einen durchschnittlichen Vorlauf des jeweiligen Indikators vor dem Produktionsindex, entsprechend negative Werte deuten einen Nachlauf des Indikators an. Somit besitzen die Geschäftserwartungen die besten Vorlaufeigenschaften mit durchschnittlich 3,36 Monaten.

e) Eine gute Möglichkeit um die Prognoseeigenschaften der einzelnen Indikatoren zu untersuchen, bietet beispielsweise die Berechnung des Theilschen Ungleichungskoeffizienten an. Dieser lässt sich als Quotient der mittleren quadratischen Prognosefehler auf Basis des gewählten Indikators und einer geeigneten Benchmark berechnen. Hierzu verwendet man üblicherweise eine naive Prognose (Random Walk) als Vergleichsmaßstab. Dies erfordert eine Ex-post-Betrachtung zwischen den tatsächlich realisierten und prognostizierten Werten. Der Prognosefehler lässt sich durch $\varepsilon = Y_t - Y_t^p$ berechnen, wobei Y_t die tatsächliche Realisierung des Index der Industrieproduktion und Y_t^p den prognostizierten Wert zum Zeitpunkt t bezeichnet.

---

[5] Vergleichen Sie hierzu bitte das im Text angegebene Diskussionspapier: M. Artis, M. Marcellino und T. Proietti (2003): "Dating the Euro Area Business Cycle", C.E.P.R. Discussion Paper No. 2696/2003.

f) Die von Klaus Abberger benutzte Messung der Prognosegüte dient als erster Schritt zur Bewertung der Prognosegüte der angewendeten Indikatoren. Das Geschäftsklima, die Geschäftserwartungen und die Beurteilung der Produktionserwartungen konnten bei In-Sample Betrachtung durch deutlich mittlere Vorläufe bei den Wendepunkten überzeugen. Interessant wäre es jedoch, eine Out-of-Sample-Analyse durchzuführen, um die tatsächlichen Eigenschaften der Indikatoren miteinander vergleichen zu können. Es stellt sich die Frage, wie gut die Prognosen wirklich sind und wie diese im Vergleich zu einer naiven Benchmark abschneiden würden. Dafür bietet sich das in Aufgabenteil e) angesprochene Verfahren einer Ex-post-Betrachtung der Prognosen über verschiedene Prognosehorizonte t an.

3.13.3. a) Lesen Sie sich zur Beantwortung der Frage erneut den Abschnitt "Unsicherheit der Bundesbank-Prognosen" durch. Unter einer bedingten Prognose versteht man eine Prognose, die auf der Basis bestimmter Annahmen getroffen wurde. So stützte sich die Bundesbank bei der Ermittlung der zukünftigen Entwicklung der Zinssätze auf die Annahme unveränderter zukünftiger Zinsen bis zum Frühjahr 2006. Seitdem werden die Prognosen auf die von den Marktteilnehmern erwarteten Zinssätze konditioniert. Demgegenüber versteht man unter unbedingten Prognosen folglich die Ermittlung von Prognosen ohne vorherige Annahmen über den Verlauf der Zinssätze zu treffen.

Im Kasten auf den Seiten 40 und 41 werden die bedingten Prognosen der Bundesbank mit drei unbedingten Prognosen verglichen. Hierbei handelt es sich um das Random-Walk-Modell, autoregressiven Prozess erster Ordnung und die Consensus-Vorhersagen.

b) In der hier vorliegenden Untersuchung wurden im Zeitraum vom zweiten Quartal 1999 bis zum vierten Quartal 2009 halbjährliche Quartalsprognosen ermittelt. Bei der Berechnung der Prognosen des AR(1)-Modells wurde ein rollierendes Fenster von 20 Quartalen gewählt. Dies bedeutet, dass jeweils die letzten 20 Quartale zur Ermittlung des Koeffizienten und der Konstanten verwendet werden. Somit wurden zur Ermittlung der Prognosen ein Stützzeitraum zwischen dem ersten Quartal 1995 und dem ersten Quartal 1999 gewählt. Aus diesem Zeitfenster werden dann die jeweiligen Prognosen für die Prognosehorizonte 0 bis 8 ermittelt. Anschließend wird der Stützzeitraum um zwei Quartale in die Zukunft verschoben (drittes Quartal 1995 bis drittes Quartal 1999) und die Prognosen erneut für die jeweiligen Horizonte ermittelt. Das gewählte Fenster wird somit immer weiter in die Zukunft verschoben. Die Anzahl von 20 Quartalen ergibt sich zum einen aus der Anzahl der zur Verfügung stehenden Beobachtungen und zum anderen vermutlich aus der Annahme eines durchschnittlichen Konjunkturzyklus von 5 Jahren.

c) Eine Nullschrittprognose ist notwendig, wenn die Werte der beobachteten Größe am aktuellen Rand noch nicht vorliegen. So werden beispielsweise die Quartalsdaten für das BIP nur mit Verzögerungen veröffentlicht und sind zum Zeitpunkt der Prognoseerstellung noch unbekannt. Somit müssen diese Werte für die laufende Periode ebenfalls prognostiziert werden.

d) Betrachtet man die mittleren absoluten Prognosefehler, so schneidet die Bundesbankprognose der Vorjahresraten des HVPI besser ab als die einfachen Modelle. Allerdings verringert sich dieser Abstand deutlich bei Vergrößerung der Prognosehorizonte. Ein ähnliches Bild ergibt sich bei der Prognose des BIPs. So wurden auch hier für die Bundesbankprognosen deutlich geringere mittlere absolute Prognosefehler bis zu einem Prognosehorizont von 4 Quartalen ermittelt. Ab einem Prognosehorizont von 5 Quartalen sind die Ergebnisse kaum voneinander zu unterscheiden. Aussagen über eine mögliche Signifikanz in den Prognosefehlern wurden in der vorliegenden Untersuchung nicht ausgewiesen und können somit auch nicht ohne Weiteres getroffen werden.

3.13.4. a) Die Publikation von Konjunkturindikatoren unterscheidet sich im Hinblick auf die Frequenz (z.B. quartalsweise, monatlich) und die zeitnahe Verfügbarkeit. Während einige Indikatoren schon kurz vor oder nach Ende eines Monats zur Verfügung stehen (z.B. Arbeitslosenquote und Index der Industrieproduktion), liegen andere entweder aufgrund der Bearbeitungszeit oder wegen der geringeren Frequenz (Quartalsdaten) erst einige Monate später vor. Wenn man sich die zeitliche Verfügbarkeit mehrere Indikatoren auf einem Zeitstrahl von rechts nach links vorstellt, ergibt sich daraus der beschriebene "zerfranste Rand".

b) Als allgemeine Kriterien für die Auswahl von Prognosemodellen wird als wichtigster Aspekt die Prognosegüte genannt, d.h. die Qualität der Prognosen im Vergleich zu den späteren tatsächlichen Realisierungen. Daneben wird aber auch die Plausibilität der Prognosen betont, also die Möglichkeit, die berechneten Prognosen ökonomische zu erklären. Schließlich sollte sich das Ausmaß der Veränderungen der Prognosen bis zu dem Zeitpunkt, in dem der tatsächliche Wert bekannt wird, in Grenzen halten. Dies wird als "Stetigkeit" beschrieben.

The manufacturer's authorised representative in the EU is Springer Nature Customer Service Centre GmbH, Europaplatz 3, 69115 Heidelberg, Germany. If you have any concerns regarding our products, please contact ProductSafety@springernature.com

Printed and bound by CPI Group (UK) Ltd, Croydon, CR0 4YY

23/03/2026

02076747-0014